# 民族服饰

文化瑰宝编委会　编著

中国大百科全书出版社

# 图书在版编目（CIP）数据

文化瑰宝．民族服饰／文化瑰宝编委会编著．

北京：中国大百科全书出版社，2025. 1. -- ISBN 978
-7-5202-1805-4

Ⅰ．K203-49

中国国家版本馆 CIP 数据核字第 2024NJ6558 号

总 策 划：刘　杭　　郭继艳
策划编辑：刘翠翠
责任编辑：刘翠翠
责任校对：邵桄炜
责任印制：王亚青
出版发行：中国大百科全书出版社有限公司
地　　址：北京市西城区阜成门北大街 17 号
邮政编码：100037
电　　话：010-88390811
网　　址：http://www.ecph.com.cn
印　　刷：唐山富达印务有限公司
开　　本：710mm×1000mm　1/16
印　　张：10
字　　数：100 千字
版　　次：2025 年 1 月第 1 版
印　　次：2025 年 1 月第 1 次印刷
书　　号：ISBN 978-7-5202-1805-4
定　　价：48.00 元

本书如有印装质量问题，可与出版社联系调换。

# —— 总　序

这是一套面向大众、根植于《中国大百科全书》第三版（以下简称百科三版）的百科通俗读物。

百科全书是概要记述人类一切门类知识或某一门类知识的完备的工具书。它的主要作用是供人们随时查检需要的知识和事实资料，还具有扩大读者知识视野和帮助人们系统求知的教育作用，常被誉为"没有围墙的大学"。简而言之，它是回答问题的书，是扩展知识的书。

中国大百科全书出版社从1978年起，陆续编纂出版了《中国大百科全书》第一版、第二版和第三版。这是我国科学文化建设的一项重要基础性、标志性、创新性工程，是在百年未有之大变局和中华民族伟大复兴全局的大背景下，提升我国文化软实力、提高中华文化国际影响力的一项重要举措，具有重大的现实意义和深远的历史意义。

百科三版的编纂工作经国务院立项，得到国家各有关部门、全国科学文化研究机构、学术团体、高等院校的大力支持，专家、学者5万余人参与编纂，代表了各学科最高的专业水平。专家、作者和编辑人员殚精竭虑，按照习近平总书记的要求，努力将百科三版建设成有中国特色、有国际影响力的权威知识宝库。截至2023年底，百科三版通过网站（www.zgbk.com）发布了50余万个网络版条目，并陆续出版了一批纸质版学科卷百科全书，将中国的百科全书事业推向了一个新的高度。

重文修武，耕读传家，是我们中国人悠久的文化传承。作为出版人，我们以传播科学文化知识为己任，希望通过出版更多优秀的出版物来落实总书记的要求——推动文化繁荣、建设中华民族现代文明，努力建设中国式现代化强国。

为了更好地向大众普及科学文化知识，我们从《中国大百科全书》第三版中选取一些条目，通过"人居环境""科学通识""地球知识""工艺美术""动物百科""植物百科""渔猎文明""交通百科"等主题结集成册，精心策划了这套大众版图书。其中每一个主题包含不同数量的分册，不仅保持条目的科学性、知识性、准确性、严谨性，而且具备趣味性、可读性，语言风格和内容深度上更适合非专业读者，希望读者在领略丰富多彩的各领域知识之时，也能了解到书中展示的科学的知识体系。

衷心希望广大读者喜爱这套丛书，并敬请对书中不足之处给予批评指正！

《中国大百科全书》编辑部

# ——— "文化瑰宝"丛书序

在浩瀚的历史长河中,中华文化犹如一颗璀璨的明珠,熠熠生辉,照亮了人类文明的天空。从《诗经》《楚辞》到四大名著,从丝竹之音到青铜乐器,从华夏衣冠到山水画卷,中华文化以其丰富多彩、博大精深的特质,吸引着世界的目光,成为世界文明史中重要的瑰宝。

为了全面、系统地展示中华文化瑰宝,让读者更好地领略其深厚底蕴与独特韵味,编委会依托《中国大百科全书》第三版中国文学、哲学、中国历史、设计学、音乐学、文物学、考古学、美术学等学科内容,组织策划了"文化瑰宝"丛书,编为《典籍》《民族服饰》《乐器》《青铜器》《画作》等分册,图文并茂地介绍了相关知识。

《典籍》分册带领读者走进中国古典文献的殿堂,领略古代先贤的智慧与思想。内容涉及儒家经典、道家经典、史书、诗集、戏曲、小说、农学、地理等,种类多元,展现了中国古人的思想观念、历史发展、生活方式等。

《民族服饰》分册详细介绍了中国 56 个民族的服饰种类(男装、女装的不同,不同年龄阶段的服饰等)、服饰色彩和服饰纹样,让读者能够直观了解各个民族服饰的特点。同时,通过服饰的样式和发展过程,从侧面展现了中华各民族服饰文化的传播交流、融合发展和兼收并蓄。

《乐器》分册介绍了体鸣乐器、膜鸣乐器、气鸣乐器、弦鸣乐器四大类乐器,包括中国古代乐器、中国弹拨乐器、中国打弦乐器、中国拉弦乐器、中国吹奏乐器、中国打击乐器,从历史、构造、种类、演奏技法、曲目等角度深入浅出地普及乐器文化知识。

《青铜器》分册梳理了青铜的历史发展脉络,介绍和展现了当前留存的青铜礼器、青铜乐器等稀世珍品,并介绍了青铜器的制作工艺。透过一件件青铜珍宝,再现古人的劳动智慧和高超技艺。

《画作》分册主要介绍了画作种类、秦汉魏晋南北朝绘画、隋唐绘画、五代绘画、宋辽金绘画、元代绘画、明代绘画、清代绘画、近现代绘画。分析了经典画作的艺术风格和技法特点,全面梳理了中国绘画的辉煌历程,是一部跨越千年的中国绘画艺术史。

"文化瑰宝"丛书的出版,不仅是对中华文化的一次梳理与展示,更是对中华民族精神的一次深刻诠释与弘扬。我们希望通过这套丛书,能够让更多的读者了解中华文明,从而传承与发扬这份宝贵的文化遗产。因受篇幅限制,仅收录了相对常见或具有代表性的类别。未来,我们将继续致力于中华文化的挖掘与传播工作,不断推出更多优秀的文化产品,为弘扬中华民族优秀传统文化贡献我们的力量。

文化瑰宝丛书编委会

# 目 录

# 汉族服饰

中国汉族的传统服饰——汉服，即华夏衣冠，又称汉装、华服。其由来可追溯到三皇五帝时期，自炎黄时代黄帝"垂衣裳而治天下"，汉服已具基本形式，历经周朝的规范制式，到了汉朝已全面完善并普及，汉服由此得名。连绵几千年，一直到近代，华夏衣冠在历史的传承与发展中作为一种独立的服饰体系，形成了独特的文化背景和民族风貌。亚洲的日本、韩国、越南等国家的服饰也深受中国汉服的影响，现在从其国家的服饰中也可以管窥中国汉服的一些遗韵和旧制。

◆ **服饰种类**

## 汉服

汉族有悠久华美的服饰，即汉服。汉服有其完备的服饰体系和特征：汉服结构上称上衣为衣，下衣叫裳。其礼服的基本特征是交领右衽，袖宽且长，隐扣系带，上衣下裳。而常服在此基础上又有多种变化，比如，除了交领之外，还有盘领、直领等作为补充。常服的袖型、领型、束腰高低、配件搭配、穿着方式、裁剪方式等丰富多彩。

汉服的款式虽然繁多复杂，且有礼服、常服、特种服饰之分，但上衣下裳、衣裳相连、大襟右衽是其基本形制。根据其整体结构的主要特征可分为三大种类。

第一种是"上衣下裳"相连在一起的"深衣"制，包括直裾深衣、曲裾深衣、袍、直身、褙子、长衫等，这类属于长衣类，是君主百官及士人在非正式场合的衣装，属于休闲类服饰。其中最具有代表性的是上衣和下裳分开裁剪，在腰部相连，形成整体。衣与裳相连的深衣袍服用途最广：可以作文武官员的次等朝服，也可以作诸侯士大夫平时的晚礼服，还可以作帝王的便服。深衣也是庶人参加祭礼时唯一可穿的礼服，在婚丧、宾礼中不分男女都可以穿。

第二种是"上衣下裳"分开，包括冕服、玄端等，是君主百官参加祭祀等隆重仪式的正式礼服。

第三种为"襦裙"制，实际上也属于上衣下裳制，但这种制式没有很多的礼仪规定，一般用于常服。所谓"襦"就是短衣，是上身所穿的，包括上襦、短袄、短衫、半臂等；"裙"也就是"裳"，是下身穿的，包括裙、裤、围裳、蔽膝等。襦裙是历代女子无论士庶都喜欢的样式，普通百姓家男子一般上身穿过膝短衣，下穿长裤或加一件短及膝部的围裳。

汉服还有一显著特点就是其袖子宽大。汉服的袖子又称"袂"，其宽且长，这样的造型在整个世界民族服装史中都是比较独特的，在世界其他民族服装中也非常少见。显示出华夏民族雍容大度、典雅庄重、飘逸灵动的风采。袖宽且长是汉服袖型的主要特点，但不是唯一的款式造型，汉服的小袖、短袖也比较多见，如参与日常体力劳动的劳动者的服装、军士将领的战斗服装、袖紧保暖的冬季服装等。历史上各朝代因经济文化和审美诉求的不同，在袖型上也有不同的表现，如汉唐时期礼衣多用宽广大袖，宋明时期较为朴素，多用小袖。

### 发冠

古代汉族男子不剃发，束发于顶加冠。冠的形制有高冠、弁、梁冠、笼冠、小冠、幞头、帻、帽等。其细分的各种冠帽之名,如委貌冠、通天冠、远游冠、进贤冠、大帽、圆帽、鹅帽、唐巾、席帽等,可达数十种。也有戴各式头巾的,如四方头巾、万字巾、云巾、软巾、幅巾、葛巾、华阳巾等,还有的地区农民戴笠帽。

古代汉族妇女头发都挽成髻,髻形有双髻、垂髻、偏髻、平髻、螺髻、高髻、飞天髻等类。具体名称有数十种,如丛梳百叶髻、双环望仙髻、朝天髻、翻荷髻、宝髻、花髻等。发髻上的饰物有梳、篦、钗、步摇、翠翘、珠翠、金银宝钿、搔头、珠箍、珠冠、凤冠,以及金银珠玉精制的鸾凤、珠滴、珠牌等。鬓发两侧饰博鬓,也有戴帷帽、盖头的。

### 鞋靴

古代汉族男女足下均着履,其式样有履头上翘成笏头(长方牌形)、凤头的,也有一般的翘尖鞋,还有平头及圆头的。履又可细分为舄、屦、鞋。靴是从少数民族地区引进的式样。南方有木屐,简便凉爽,不分男女等级,闲居时都可穿用。雨天穿钉鞋,用牛皮缝制,鞋底有铁齿。南方渔民在船上多赤足。稻作区的农民在水田耕作,亦赤足,上坎则穿草鞋。千层底的布鞋圆口低帮,轻便、透气、舒适,是汉族富有民族特色的穿着之一。

### ◆ 服饰色彩

在服饰的色彩上,汉族视青、红、皂、白、黄五种颜色为"正色"。不同朝代也各有崇尚,一般是夏黑、商白、周赤、秦黑、汉赤,唐服色黄、旗帜赤,到了明代定赤色为宜。从唐代以后,黄色曾长期被视为尊贵的颜色,往往只有天子权贵才能穿用。

服饰的原料主要有麻布、丝绸、棉布、毛呢、皮革等。汉族的染织工艺，以其历史悠久、技术先进、制作精美而在世界上独树一帜、享有盛誉。中国古代的染织，特别是丝织方面，在相当长的时间内是世界上独有的。染色技术也极为先进，颜色种类多，色泽艳美，而且染色牢固，不易褪色，被西方人誉为神秘的"中国术"。其方法大体可分为织花、印染、刺绣、书花四大类。

◆ 服饰纹样

汉族服饰的装饰纹样多采用动物、植物和几何纹样。图案的表现方式，大致经历了抽象、规范到写实等几个阶段。商周以前的图案与原始的汉字一样，比较简练、概括，抽象性强。周朝以后至唐宋时期，图案日趋工整，上下均衡、左右对称，纹样布局严密。明清时期，已注重写实手法，各种动物、植物往往被刻画得细腻、逼真、栩栩如生，仿佛直接采撷于现实生活而未做任何加工处理，充分显示了汉族人民的勤劳与智慧。

◆ 近代男女服饰

近现代以来，汉族服饰发生了天翻地覆的变化。辛亥革命成功，封建帝制被彻底推翻，作为封建统治者上层，礼服中的冕服、男子广袖裙服以及服装繁缛的章纹、佩玉、组绶等也完全被淘汰。等级差别在服饰中消失得无影无踪，取而代之的是更为平民化的长袍马褂。简化了的传统长衫即深衣，成为男子日常和节日穿着的礼服，另外，还保留了满族的马褂。男子的穿着为外穿大襟长衫，讲究一点的外加一件马褂，谓之"长袍马褂"，裤子都镶有八寸阔腰。到了近代，头顶的帽子相对简单，有呢帽、毛线帽、皮帽等几种。脚上多穿布鞋、布袜。城市里的工人及乡村农民则上穿短衫袄，下穿长裤。与此同时，西方的西式礼服也频繁引进，有人会穿西方的服饰，头戴呢帽。后来中山装流行，公职人员与知识分子开始穿着中山装。

与男子一样，女子的服饰也在这场变革中发生很大改变。清末，妇女传统的礼服最初简化为上衣下裙，她们穿喇叭状齐膝中长衫和长裤，民国后上穿"斧口衫"，有对襟、大襟、琵琶襟之别，下着裙子，有凤尾裙、百褶裙等。20 世纪 30 年代起流行改良旗袍，也有以连衣裙作礼服的，但农村妇女多穿大襟短衫和长裤。旗袍在当时比较流行。

◆ **现代男女服饰**

中华人民共和国成立后，汉族的服饰发生了很大转变。近代依然存在的礼服与常服之别此时已经完全看不出来，女子也同男子一样进入社会开始工作，城市各阶层、各行业的男子和女子一律都穿干部服。生活在农村的农民仍穿对襟或大襟（限于女装）或短衣袄，下穿长裤。男子的干部服形制同解放战争时期解放军的军装，上衣有四个口袋且有袋盖，只是变军装的草绿色为青色、蓝色、灰色、黑色，并且减少了腰间系束的宽皮带。女子的干部服同男子的大体相同，只是领口不同于男装，衣服上的口袋减少为三个或两个，一般没有口袋盖。夏季男子穿白色或浅灰色衬衣，妇女穿半腰裙或连衣裙。当时人们主要穿平头布鞋、解放鞋、皮鞋、塑料凉鞋、草鞋，冬天穿棉鞋。

伴随着改革开放和现代化建设事业的不断推进，20 世纪 80 年代以来，各行各业的服饰也逐渐变得新潮。尽管中年以上的人仍偏爱并仍普遍穿干部服，但是青年人的服装更为时髦，款式也新颖多样。西装、风衣、呢大衣、夹克衫、羽绒服、运动服等新式服装不论在城市还是农村都很流行，服饰的面料也从原来的手工织布与机织布向化纤、高级呢面料、毛皮、丝绸等多样化方向发展，充分反映了人民生活水平的提高和文化的繁荣。

# 蒙古族服饰

蒙古族主要分布在内蒙古自治区，部分散居于东北、华北、西北、西南等地。

## ◆ 服饰种类

### 男装

蒙古族男女都爱穿大襟长袍，俗称"蒙古袍"。春秋穿夹袍，夏季穿单袍，冬季穿皮袍或棉袍。若要远行还得穿两件皮袍，一件前面系带扣，一件后面系扣；有的一件毛朝里，一件毛朝外。由于内蒙古地域广阔，各地袍式及着装方式亦略有区别。喀喇沁、巴林、科尔沁等东部地区受满族影响较大，袍长且肥大并开衩。鄂尔多斯、阿拉善的成年男子在袍外要罩一坎肩。陈巴尔虎等较多地保留了明代蒙古族的服饰习俗，男子多戴披肩帽，服饰特点鲜明。

穿蒙古袍时一般要在腰间束带，束腰带既有装饰性，又能防风御寒，便于骑乘，是蒙古族服饰中的重要组成部分。此外，男子还要在腰带上佩戴"三不离身"的蒙古刀、火镰和烟荷包。佩饰也多金银、宝石。

蒙古族摔跤服具有强悍、健美的风格。上身为蝶翅形的皮坎肩，腰围是特制的宽皮带或绸腰带，皮带上嵌有两排银钉，颈上系五彩飘带，这是胜利者的标志，每胜一次就奖授以彩带。下穿白布或彩绸长裤，宽大多褶，外套吊膝，缘边绣花，膝盖处补绣以兽头纹、吉祥纹。脚蹬"马海利耳靴"。摔跤服是裸露胸部的服装款式，充分显示了蒙古族男子威武、雄健、剽悍的美。

男子多戴各色扁帽，在日常生活中头上着"袄头"，尤其在牧区，牧民亦喜包头。老年男子多戴翻檐尖顶皮帽。

### 女装

妇女身着长袍，下摆宽大，便于乘骑；高立领；大襟右衽，也有对襟式；系长腰带。绣花黑色女袍，科尔沁、巴林等东部地区的女袍则比较紧身，能显示女子身材的苗条与健美。已婚妇女穿的长袍，肩袖处的起肩有皱褶，并高于肩部，上臂镶饰一条 3 厘米宽的花边，与未婚妇女有明显区别。鄂尔多斯、准噶尔等地妇女均在长袍外套绣花长坎肩。

蒙古族妇女的头饰华丽、奇特，如"姑姑帽"，在成吉思汗时已经流行。已婚妇女多戴此帽。鄂尔多斯的妇女头饰也非常典型，满头用金银珠翠装饰，显得雍容华贵。头饰由"连垂"和"发套"两部分组成。锡林郭勒盟等地的妇女头饰典雅精致，由玛瑙、绿松石编制的发箍缀有珍珠流苏，头两侧垂挂玛瑙、银饰组成的长穗。

### 鞋靴

蒙古族人喜穿靴子，靴子分革制和布制两种，靴帮、靴靿均绣有图案。洮儿河嫩江流域的蒙古族人在冬季穿靰鞡、"靿歹"和"趟趟马"，后两种亦为靴。牧区草原的牧民穿一种脚尖很尖、靴靿很瘦的靴,称"马靴";呼伦贝尔地区因为风大,故靴子高靿。有一种称作"全云大拢尖蒙靴"的靴子,风格独特,靴底为手工纳的"千层底",靴面是优质牛皮,镶有五彩云纹。靴高以便于骑马和趟草地为宜,靴尖上翘,便于勾踏马镫,行走沙地。

蒙古族女靴非常讲究,尤其是绣花高筒靴,黑色的靴面绣红绿对比的花草纹。靴靿又分成绿、浅蓝、海蓝三段,每段花纹不同,既有绣花,又有补花,层次分明。

#### ◆ 服饰色彩

蒙古族人崇尚白色,男女老少衣皆白色。蒙古族妇女对白色极偏爱,夏天常穿白色长袍,外配红色坎肩。男子袍服色彩多为蓝色、棕色,夏天袍色浅淡,有淡蓝、乳白。在盛典节庆时多着白色长袍。

#### ◆ 服饰纹样

蒙古族服饰图案为云纹、回纹、万字纹。

# 回族服饰

回族散居全国,主要聚居于宁夏回族自治区,河南、新疆、青海、云南、河北、山东、安徽等省、自治区也有大小不等的聚居区。

#### ◆ 服饰种类

#### 男装

回族青年男子上身穿白色对襟衣"尕汗塔",外套黑色坎肩"黑夹袷"。冬季穿棉花或羊羔皮制成的"黑夹袷",外罩羊皮大衣、老羊皮大衣,下身穿大裆裤,扎裤腿,穿高筒白布袜,足蹬方口或圆口布鞋。老人和宗教职业人员多穿夹层或单层的大衣或长袍,面料颜色选用黑、灰、深蓝或白色,稳重端庄;款式为小领口或翻领,形制似现代的大衣。冬天穿大领皮袄或白板皮袄。大领皮袄有宽大的裘皮翻领,毛皮为里,布料为面,衣宽而袖长,下摆饰以氆氇,穿时系红色或青色腰带。白板皮袄即老羊皮袄,以熟制的老羊皮制成,无面无扣,仅用氆氇绲边,穿时系腰带。下身穿黑色或蓝色的长裤。足蹬黑布鞋。

坎肩"黑夹袷"是回族服饰的重要组成部分。根据不同的季节穿着不同材质的坎肩。坎肩在襟边、袋口处缝制明线,突出款式造型,凸显人的线条美。皮坎肩为冬季穿着,选择胎皮和短羊毛皮制作,轻便保暖。

回族男子都戴帽子,最为标志性的是小白帽,俗称"经帽"或"回帽"。这种无檐小圆帽,除白色外,还有黑、棕、灰、蓝、绿、红等色,有的为纯色,也有很多带有用钩针绣饰的伊斯兰风格的花边或图案、文字。

### 女装

回族妇女传统服饰较为简洁,一般以大襟为主。年轻女子多选择颜色较为亮丽的玫瑰红对襟或大襟短褂和绣花坎肩,在衣服上用嵌线、镶色、绲边装饰,前胸和襟边处绣花。结婚时穿粉红长袍和绣花鞋。中年妇女多选择绿色或蓝色对襟长袍,胸前、袖口、襟边绣饰花纹。老年人多穿蓝布大褂或旗袍,外套深灰色过膝坎肩,服饰面料多为黑、蓝、灰等颜色。

回族妇女受伊斯兰教的影响,形成了戴盖头的习俗。帽形呈筒状,可遮住头发、耳朵和脖子，面料为丝绸、纱、绒等，颜色分为绿、黑、白等，未婚及新婚妇女佩戴饰有绣花、镶边的绿色盖头，长度较短，前面可遮住前颈；已婚育妇女戴黑色盖头，长度适中，遮住前颈；老年妇女头戴白色盖头，长度较长，后披至背心处。现也有妇女不戴盖头，但会在头上包头巾。不同地区的回族妇女受当地生活习惯影响，样式及佩戴方式都略有不同。

**鞋靴**

回族的鞋靴亦受伊斯兰教文化的影响，鞋靴的设计多为便于礼拜。男式鞋的种类有方口或圆口的黑布鞋、白线勾的线帮鞋、保暖性好的毡窝儿等。鞋内穿袜头和后跟处纳花的白土布袜。老年人夏天穿白布高筒袜，冬天穿软牛皮制成的皮袜"麦斯海"。

女式的绣花鞋及袜都绣饰有色彩鲜艳的图案。鞋头绣有艳丽的花朵，袜子底部绣有各种几何图案或各色花朵，色彩鲜艳、制作精美，别具特色。

◆ **服饰色彩**

回族服饰中多为黑白两色相搭。在回族传统观点中，白色代表神圣与美观，其为"本然正色"；黑色代表庄重与深沉。在服饰中多使用黑色与白色相搭配，形成了对比鲜明的黑白服色文化观。同时，还喜欢绿、蓝等色，如妇女头戴绿头巾，穿绿裤子；老年人穿蓝色上衣，与黑衣白帽相映衬，层次感鲜明。

◆ **服饰纹样**

在回族的服饰纹样中，以几何纹、植物纹为多，不可使用刻画动物、人物的纹饰，以花草为主体的纹样占主导地位，如牵牛花、牡丹、菊花、梅花和萱草等。服饰中多见用各种形式结构表现的植物纹样，如簇叶纹样、束花花卉纹样、满地排列的花卉纹样、写实风格的花卉纹样等，夸张中表现出端庄稳重。同时，受地域文化的影响，新疆地区的回族服饰纹样兼容并蓄了其他兄弟民族的图案特点，多见巴旦木纹样、无花果纹、孔雀羽纹、水波纹等。图案主要集中在帽饰顶部、边部，上衣的领、袖、对襟，以及裤子的裤边等部位。

# 藏族服饰

藏族主要分布于西藏、四川、青海、甘肃、云南等地区，大多居住在海拔较高的高寒地区，主要从事农业和畜牧业，服饰多以保暖御寒、方便行动的款式为主，地域差异很大，款式众多。

## ◆ 服饰种类

### 男装

卫藏服饰。卫藏地区男子服饰多选用高档织锦缎，如织金锦，作袍服面料，款式为斜襟长袍，袍长至膝下或脚面，饰品较少，腰系织锦花带，挂饰刀具、碗袋等物。

康巴服饰。该地区受汉文化影响较大。衣袍常用质地优良的织金缎作面料，边镶獭皮或其他兽皮，袍服宽大，袖长拖地，厚重粗犷。

安多服饰。该地区男子身着襟、摆、袖口镶兽皮的袍服，胸前戴多串项饰和方形"嘎吾"，腰挂小刀和火镰。盛装时穿镶豹皮的长袍，头戴狐皮帽或礼帽，有的将完好的狐狸皮做成帽子，戴时将狐狸头与尾悬于两侧，佩戴长刀。

白马藏族居住在川甘交界处，男女均穿对襟花长袍，头戴白色毡帽，男女头上插白色羽毛，男子插一支，女子插三只。白马藏族男子有髡发的习俗。

嘉绒服饰。嘉绒藏区的男子服饰与康巴藏区服饰接近，内穿白衫，外套斜襟长袍。长袍多为青赭两色，襟、摆均镶饰毛质或锦缎花边，腰缠红黑底的银腰带，佩戴小刀、打火石等饰物。男子梳发辫，缠于头上，戴白毡帽。

## 女装

### 卫藏服饰

卫藏地区妇女服饰类型较多，主要分为拉萨型、日喀则型、山南型、阿里型、那曲型。

拉萨青年妇女内着白色斜襟衬衣，外套合身无袖或有袖的锦缎袍服，腰系氆氇制成的围腰，藏语称"帮典"。拉萨型服饰的饰物集中于头和胸部，头戴羊角形或三角形"巴珠冠"，该冠式用藤条编成羊角形帽架，上面饰满珍珠、红宝石、珊瑚等珠宝。胸前戴一串或多串红、绿、黄相间的宝石项链和饰有宝石的护身盒"嘎吾"。双手均戴有由骨、玉或银制成的手镯、戒指。

日喀则型妇女服饰与拉萨型大致相同，围裙"帮典"色条比拉萨型的对比更强烈、鲜艳，条纹也更宽。妇女头戴半月形的"巴珠冠"，其上饰满珍珠和珊瑚珠串，将缠有彩线的发辫绕于冠的两侧，胸前戴八角形"嘎吾"，腰带上镶有银币状的十二生肖，腰带右边悬挂银链小藏刀，左边悬挂针线盒。该地区妇女还有系后围腰的习惯，其大小与"帮典"相似。前面用金属腰钩将两头挂牢，腰钩多为菱形，用银或铜制成。

山南型妇女服饰，上穿无袖对襟坎肩，称为"背夏"，长及膝部。也披"披肩"，一般用氆氇制成，贵族用锦缎作面料。山南还流行皮革背垫，形似蝴蝶，妇女劳动时穿用，既可保暖，又可护腰。

阿里型妇女服饰，上为镶彩条的黑色氆氇袍或布袍，用铜环扣连成的腰带系扎，腰带左右两侧至前襟悬垂 5 ~ 10 串蜜蜡黄珠和珊瑚珠，胸前戴护身盒。婚嫁或节日歌舞时，长袍外披一镶红边的锦缎斗篷，阿里北部的藏族牧羊女子披羊皮斗篷。盛装时戴扇形头饰，用红、黄等色的锦缎作底，上面缀孔雀石、珍珠等，扇面正中用骨条穿系珍珠、珊瑚的珠帘垂至前额，珠帘末端悬挂片状银坠，另一扇形头饰搭于右肩。

那曲地处高寒地区，该地区女性四季皆用羊皮袍裹体，天热时袒露臂膀，寒夜时皮袍为被。皮袍宽松肥大。有的用红头巾裹住脸，或戴只露眼、鼻、嘴的羊皮"口袋帽"。有的穿光板皮袍，用红布、绿布或黑布镶边，系彩色腰带，腰带上面挂满镶有宝石的金银饰件。妇女将头发编成数十根小辫，合股于后腰，再戴上发套（又称降筒），上面缀有五彩斑斓的宝石。

### 康巴服饰

该地妇女习惯将金银珠玉佩戴在身上，来显示家族世代的财富。

青海玉树和四川甘孜石渠地区，妇女所着长袍的襟摆、袖口处均饰有獭皮，金银镶饰的腰带上挂有银质的针线盒、奶钩等。

四川省白玉县地处川藏交界处，该地区藏族女性着袍服，春秋季以氆氇、毛呢、金丝缎为面料，边沿镶獭皮，冬季以羊羔皮为主，夏季以丝绸、棉布为面料。前额戴一颗镶有红珊瑚的黄琥珀，黄琥珀的两侧是成串的蓝色松耳石小珠，发套上的黄琥珀垂在臀部，长达小腿处，用银腰带束住。

四川得荣地区的藏族妇女着袍，外套锦缎坎肩，下着黑、白、蓝等色百褶裙，头顶银盘。

四川稻城、乡城的藏族女性所着袍服由细氆氇扎染成十字纹，腰系两层"帮典"，下摆均镶金花缎。女性长袍也为扎染氆氇制成，腰系五彩"帮典"，外套印有十字纹的长坎肩，胸前戴圆形"嘎吾"。姑娘额前梳刘海，有百余条小辫，辫上戴发套，并佩戴很多蜜蜡珊瑚等珠宝。妇女额前梳刘海，头戴黑色平绒做成的"贾得"。

四川新龙地区的藏族妇女头两侧戴一对嵌有红珊瑚的银泡，胸前戴与银腰带连接的圆形大"嘎吾"。

四川炉霍地区藏族女子头顶一红毡片垫底的银盘，上嵌珊瑚、玛瑙等宝石。

四川理塘藏族女子常戴一种有佛像的五佛冠，其服饰后背腰部镶缀大小银泡。

**安多服饰**

该地区妇女日常生活穿着的服装多以耐寒、耐磨的绵羊及山羊皮为衣料，一般为光板朝外毛朝里的皮袍。头戴礼帽、毡帽或包帕。夏天穿毡袍或布袍，颜色多为紫、黑等色。盛装时的安多藏族妇女所戴发套（辫筒）由缀有珠宝的三条布胎组成，戴于头顶，披于后背，长至足跟。佩饰主要集中于头部。常用头顶中间的头发编成一条大辫，两条大辫表示已婚，四周的头发编成小辫，编完后用针线将所有的小辫穿起，拉到后颈。头顶大辫连一条叫"龙达"的胎板，其上钉有银泡、琥珀、玛瑙。

青海省海南藏族自治州的藏族女子的"马尔盾"头饰，发套（胎板）上钉了几十颗银盾，银盾从头至足由小到大排列在胎板上，小的如酒杯、大的如汤碗，常在背部用线将胎板连在腰带上。

白马藏族女子穿对襟花长袍，袖筒和肩部用红、蓝、绿、黑灯色布条拼接，袖上绣米字纹，长袍外套黑色或红色坎肩，腰系黑红条纹织花腰带和白色围裙。

**嘉绒服饰**

四川丹巴地区的嘉绒藏族女子内穿大襟长衫，外套斜襟长袍，胸前戴银质"嘎吾"及玛瑙项珠多串。有的佩戴三色披肩，由红色、白色、黑色组成，隐含着藏族先民原始服饰"披裹式"的痕迹。

四川黑水地区的嘉绒藏族妇女内穿白衬衫，外套深色长袍，舞蹈时脱下长袍双袖，露出白衬衣，腰系织花腰带，下垂彩色长穗，再系上钉有银花的腰带。

四川理县嘉绒藏族妇女穿紫色、暗红色的斜襟袍服，襟边、袖边镶红布和花边，腰束织花腰带，前系镶有彩条的氆氇纹化边的黑围腰，外套黑色坎肩。

嘉绒藏族妇女常戴名叫"一匹瓦"的头帕，与大凉山彝族妇女的头饰相近，只是头帕的花形不同。年轻妇女必须戴金银饰品和镶嵌珠宝的头箍，并缠于头帕上的发辫上。

**鞋靴**

藏族常见的一种靴是氆氇软帮靴，藏族人称其为"松巴靴"，它以黑色为底，上饰红绿氆氇条。软帮上绣花纹的是氆氇靴中的上品，妇女只有在节庆时才穿用。僧尼穿棕红色的氆氇靴。另一种常见的藏靴是高筒彩缎靴，又称蒙古靴，是过去达官贵人和高僧的靴子。另外还有牛皮连底靴，其帮大脚肥，靴筒上部饰红氆氇，底帮为牛皮，脚尖上翘，是高僧和藏北牧民穿用的。

◆ 服饰色彩

藏族服饰以白色为美，以白为神灵的象征，白色象征圣洁、真挚、坦诚。藏族人的内衣基本都为白色，头、腹部的装饰也多为白色，喜戴白色毡帽，也常用白色哈达献给贵客。此外，还有以蓝、白、黄、绿、红五色分别织就的五彩哈达，各有寓意。

除此之外，藏族服饰中的颜色还有很多种。藏族人喜欢各类重色，服饰用重色打底来衬托图案和银饰。且藏族人擅长独特的色彩搭配，常用红与绿、橙与蓝、黄与紫等对比色，且巧妙地选用黑白、金银等复色做装饰，色彩对比鲜明强烈。

◆ 服饰纹样

藏族深受佛教文化影响，很多配饰和服饰上的花纹都代表了他们的宗教信仰。如万字纹、十字纹，代表了祈福避灾和美丽吉祥。藏族服饰中，色彩鲜艳的横条形装饰也很常见。此外，还有山水、鱼、云、龙纹样。藏族的上品哈达有暗花的莲花、宝瓶、伞盖、海螺等吉祥图案。

# 维吾尔族服饰

维吾尔族主要分布在新疆维吾尔自治区。为适应严苛的气候环境及游牧的生活方式，维吾尔族的服饰逐渐形成保暖防风、便于游牧的样式。

◆ 服饰种类

**男装**

维吾尔族的男子服饰款式比较简单，颜色以黑白为主，主要包括帽子、衬衣、袷袢、长袍、短袄、腰巾、长裤、靴子等。青年男子头戴皮帽，上身着白色立领长袖套头衬衣，衬衣的领口、袖口、襟边饰以对称的绣花纹样；下身着深色长裤，裤子大裆、宽松；腰束腰巾，并佩挂英吉沙小刀；外套为长度过膝的宽松长袍，称为袷袢；足穿皮靴。冬季会在袷袢外再加一件皮毛大衣，衣长且肥，既是衣服，也可作被褥御寒。

袷袢是维吾尔族最具代表性的服装，以黑、白、蓝、灰等素雅颜色为主，无领，对襟，窄袖，袖长过指，无纽扣，穿时靠腰巾束扎。腰巾多为黑、棕、蓝等深色，节庆日时会系颜色鲜艳的腰巾。腰巾比较长，最长可达2米。也有较短的方形腰巾，系时在腰间露出一个角作为装饰。

维吾尔族男子都戴花帽。花帽是维吾尔族服饰的显著标志，种类很多，有传统的巴达木花帽，冬季戴的阿图什皮帽、白吐马克帽等，可根据年龄、性别、爱好和习惯选择。

**女装**

维吾尔族的女装款式较多，以裙装为主，多是红、绿、紫等鲜艳颜色，主要包括裙子、长外衣、短外衣、坎肩、背心、衬衣、长裤等。维吾尔族妇女喜欢用扎经染色的艾德莱斯绸制作连衣裙，色彩绚丽斑斓，富有独特的民族风格。青年女子头戴花帽，身着裙装，裙子里面穿长裤。长裤多用彩色印花布料或彩绸缝制，多为大裆裤，裤脚肥大，也有的在裤口处绣花。有时在外面穿金丝绒对襟短坎肩，冬天则套一件长外衣或毛呢大衣。足穿皮靴。

维吾尔族女子的发型以辫发为主,未婚者常梳 10 余条小辫,并以辫长为美;出嫁后改梳双辫,头上插一新月形的发梳,也有将双辫缠绕盘于脑后。维吾尔族妇女的头饰有花帽、头巾和面纱。女性的花帽斑斓艳丽。维吾尔族女子还喜欢戴耳环、手镯、项链等饰品。

◆ 服饰纹样

早期维吾尔族服饰上的纹样包括人物、动物、植物、几何图形、文字、符号等,后受伊斯兰教文化影响,以植物纹样和几何纹样居多。其中,植物纹样始终占据着重要地位。维吾尔族人常把与他们生活密切相关的植物绣在服饰上,如葡萄、石榴花、巴旦木、月季、苜蓿等,常见的纹样有联珠纹、菱形纹、羊头纹等。图案主要集中在领、袖、衣襟、裤边和衬胸等部位。

# 苗族服饰

苗族主要分布于贵州、湖南、云南、广西、四川、广东、湖北、海南等地区。

◆ 服饰种类

**男装**

苗族男子的服装整体多以对襟上衣和大襟长衫,下着长裤为主。

湘西苗族男女服饰差异较大,男装偏汉族形制,上着对襟上衣,下着长裤,包头帕,缠绑腿。

黔东南苗族男装多为对襟上衣和大襟长衫,着长裤,有的扎腰带,用长巾包头。青年男子盛装戴银项圈、银腰带。老年男子盛装穿长衫，外套黑坎肩。台江反排地区男子盛装时头包大而黑的包头，垂黑色穗子，包头左侧用银片和彩色绒球装饰。着青布宽裤口长裤，腰系黑白格子腰带，戴银项圈。芭沙地区男子头顶挽发髻用白布包头一圈，打结于头顶，穿黑色亮布衣，袖子细长贴身，下着黑色阔腿裤，系腰带，打绑腿。

黔中南地区男子多包头帕，上穿大襟长衫，下着长裤，腰系腰带；节日盛装时则穿女式的花衣，披花带，围挑花长围腰，系挑花飘带，戴银饰。

重安江地区的男子，盛装时着蜡染对襟上衣，头缠蜡染高包头，插锦鸡翎，腰上系红织花带，背上披黑色背牌。

川黔滇地区男子多着对襟短衣或大襟长衫，包黑色或白色的头帕，节日时盛装，佩戴绣花的披领或花披肩。

海南地区苗族男子服饰，上衣为有领或无领的大襟衣，下穿长裤，扎腰带，头裹长巾。

### 女装

苗族妇女盛装以刺绣、银饰多而闻名。银冠高约 30 厘米，戴银梳、银项圈、银簪子、银压领、银腰带等，后背、前摆、两肩、袖口等处装饰银片、银泡、银铃。苗语称银衣为"雄衣"，据称是由古代的战衣演变而来。

湘西妇女在旧时着红布绣花长裙，故称"红苗"，清代"改土归流"后，服饰大致与当地汉族相同。上着圆领大襟长袖上衣，下着宽脚裤。衣襟、盘肩、袖子、衣摆、裤口等处饰多层花边。用青布包头，盛装时着青黑色，配银或刺绣云肩、项圈、手镯、凤冠等。黔西晴隆、普定等地区苗族被称为"喇叭人"，妇女长衣过膝，圆领、宽袖、大襟处饰花边，下着长裤，扎蓝色腰带。

黔东地区苗族妇女服饰款式丰富。有台江式、雷公山式、丹寨式、丹都式、融水式等式样。

黔中南苗族妇女服饰主要为交领对襟上衣，上衣附有披带、背牌，有多层衣角，下着中长褶裙。上衣花饰较少，图案以规则几何形图案为主，头饰多为长巾包头或戴帽子。

川黔滇地区苗族主要分布在贵州西部、四川南部、云南东南部和东北部、广西西部等地。该地区苗族妇女上着有后拔领的大襟或对襟短衣，下着中长裙，前系围腰，后垂飘带。

海南苗族妇女上衣为深蓝色的圆形右偏领及膝单衣，右小襟比大襟短，仅颈下有扣，袖口有树纹挑花，腰系红丝带，下围与上衣等长的蜡染短裙，仅在右襟下部露出蜡染裙的花纹。束发或包挑花头帕。

### 鞋靴

苗族支系繁多，生活环境不同，所以鞋子也款式繁多、各有特色。苗族主要以农耕生活为主，所以鞋子大多轻便耐磨，方便作业。材质多为麻布、麻线。款式有船鞋、花鞋、鲇头鞋、圆口鞋、瓮鞋、钉钉鞋等，还有多为老人穿用且死后用作寿鞋的鸡冠鞋。盛装时要配套穿上绣满花纹的鞋子以示隆重。

### ◆ 服饰色彩

苗族服饰色彩丰富鲜艳，根据支系地区不同，以及服用场合的不同，服饰常用的颜色也不尽相同。但大体上以黑、白、红、黄、蓝色为主，大抵保持苗族自古以来"好五色衣服"的传统。男子服饰和老年服饰大多颜色素淡，年轻女子的服饰则多颜色鲜艳靓丽。苗族盛装多喜欢用黑或青色为底，上饰鲜艳的颜色，再佩戴夸张的白色银饰，对比强烈。

#### ◆ 服饰纹样

苗族大多遍施图案，用挑花、蜡染、刺绣、镶衬等多种方式，工艺高超。其图案取材也很丰富，花鸟鱼虫、民间传说、神话等都有出现。

苗族服饰的纹样样式丰富多彩，主要以体现万物有灵、自然崇拜的动植物纹和人物纹题材为主。主要为蝴蝶、龙、鸟、鱼等物。

# 彝族服饰

彝族主要分布于四川、云南、广西、贵州等地。

#### ◆ 服饰种类

### 男装

凉山型。凉山彝族男女皆着右衽大襟衣，身披披毡——查尔瓦。男子所用毛毡由羊毛制的毡片做成，形制类似斗篷。查尔瓦则是用羊毛织成后再缝成披毡形状。男子头顶蓄发，称为"兹尔"，又称"天菩萨"。头缠黑色头帕，裹成尖锥状，斜插头帕侧端，称为"英雄髻"。

乌蒙山型。乌蒙山型彝族服装流行于黔、滇、川的乌蒙山区以及广西的隆林地区。威宁式男子服饰上穿黑或蓝色大襟右衽长衫，下着长裤，腰系白布腰带。男子服装无花纹，出门时披羊毛披毡，头部缠黑色或白色头帕。

红河型。红河型彝族服装流行于云南南部的红河流域哀牢山区，由于其生态环境变化丰富，服饰呈现出纷繁多彩的特点。红河型男子服饰皆为立领对襟短衣。

滇东南型。这一类型流行于云南的广南、富宁、马关、麻栗坡、弥勒、开远、师宗以及广西的那坡等地。处于边陲地带，保留了古老的贯头衣方袍款式。

滇西型。这一类型主要流行于云南西部的哀牢山、无量山区及大理等地。男女皆喜披有带尾的羊皮褂。该地区男子平时穿汉装，节日时外套布或皮制坎肩，漾濞彝族男子头包黑帕并饰英雄结。

楚雄型。楚雄型彝族服装主要流行于楚雄彝族自治州及其相邻地区。该地区至今保留着不分男女俱披羊皮，着火草衣、贯头衣，穿裙的古俗，也穿大襟衣和长裤。

### 女装

凉山型。凉山妇女着百褶裙，头戴头帕，生育后戴帽或缠头帕，盛装时注重颈部装饰，罩衣的领子与衣身分离，领高齐耳，领上贴银泡或刺绣花纹，领口戴长方形领牌。

乌蒙山型。乌蒙山威宁式女子服饰，上穿黑或蓝色大襟右衽长衫，着长裤，长衫领口、袖口、襟、摆、裤口处均绣有彩色花纹，衣衩至下摆的卷草纹花边形同四根柱子，称为"吊四柱"，下摆及转角处有三组螺旋状的图案，形如虎头，腰系白色或绣花围腰，身后垂花飘带。

红河型。红河型彝族女装有长衫，也有中长衣和短装。大多红河彝族人外套坎肩、着长裤、系围裙。头饰多用银泡、彩色绒线装饰。

滇东南型。该地区女装以右襟或对襟上衣及长裤为主，个别地区着裙装。

滇西型。巍山地区妇女穿前短后长的大襟衣，外套红绿色半臂大襟短衣，下穿裤，少女系绣花围腰，已婚妇女围黑色围腰，臀部垂绣花腰带，斜背黑布包。头包黑色高筒头帕，上缠红带，少女戴黑色鱼尾帽，上饰银泡珠串和彩穗。剑川彝族上穿白色长袖衣，外套对襟坎肩，下着三截百褶长裙，颇有凉山彝族服的特点，裙右侧是挑花麝香袋。漾濞彝族妇女上穿紧袖大襟衣，外套黑坎肩，系绣花黑色大围腰，下着长裤，包黑头帕，戴银饰与绒花。景东地区的妇女喜欢穿着桃红色或绿色上衣，戴黑底绣花围腰，包黑头帕，盛装时戴密缀银泡的头饰，脑后垂数条色彩斑斓的长带。景谷的彝族妇女穿青、蓝色上衣，其托肩、襟边处用黑布条补绣成几何纹样，头包彩色毛巾或戴饰银花的"勒子"，已婚妇女包黑头帕。

楚雄型。龙川江地区妇女挽髻于脑后，上缠五彩线，插银簪、银蝴蝶和悬垂的银珠，再缠上数丈长的黑巾缠成大圆盘状，头巾四周戴银花、银须和绢花。大姚式女装形制既有大襟衣和长裤，也有对襟衣和中长裙。武定式彝族青年女装形制上为右衽大襟衣，下穿长裤，腰系围腰。盛装时衣服绣花颇多。中老年妇女则披羊皮褂。

### 鞋靴

彝族男子有的穿花边缝制并缀有红绿色绒球的布凉鞋，有的穿布鞋、草鞋，还有的不穿鞋。女子穿绣花布鞋，鞋似船形，鞋底上翘，绣满花纹。彝族女子嫁人时，都要缝制一双勾尖绣花鞋带去夫家，寓意一生幸福。

◆ 服饰色彩

彝族人自古以来有尚黑、爱黄、喜红的传统，以黑色最为尊贵和常用。彝族人用黑色代表大地，尚黑的传统与他们的祖先崇拜和宗教信仰有关，主持宗教祭祀活动的祭司毕摩也都身穿黑色法衣。黄色在彝族人心中代表光明美丽和丰收富足，常用黄色形容美丽的女性。对红色的喜爱则代表彝族人对太阳、对火的崇拜，彝族人崇敬火，将太阳和火视为生命之源，故彝族人也将红色视为生命之色。

◆ 服饰纹样

彝族历史文化丰富，同时是一个多神崇拜的民族，所以服饰上的纹样繁多，如涡纹、龙纹、太阳花、彩虹纹、马樱花、鸡冠纹、火镰纹、羊角纹、几何纹、万字纹、日月纹、八吉纹、卷草纹，还有一种在当地称为"木普木古鲁""米莫米阿娜"的黑白螺旋纹，代表阴阳互补，天地平衡。彝族人以虎为图腾，虎纹在彝族服饰中出现得也很频繁。火镰纹、火焰纹等和火相关的花纹代表了彝族人对火的崇拜。马樱花则被彝族人视为祖先的象征，头帕、围腰等服饰上常出现马樱花纹。

# 壮族服饰

壮族主要聚居在东起广东省连山壮族瑶族自治县，西至云南省文山壮族苗族自治州，南到北部湾，北达贵州省从江县，西南与越南接壤的广大区域。

## ◆ 服饰种类

### 男装

壮族男子服装无论是在其款式、装饰还是色彩等方面，都比壮族女装简单得多，区域性差别不大。

头服

在古代，头服又叫"头衣"，"首服"主要指冠帽。在服饰的搭配形式上，冠、帽、巾、帕等均属于头服。

古代壮族男子多以黑、青、蓝布带裹头，出门做客亦有戴竹笠者。中华民国时期后，男子包头现象逐渐减少，如今有些壮族地区男子还有包头习俗，多用一丈余长的黑、蓝、青布缠头，也有头包白色印花或花线花头巾的。

现今壮族男子较常戴帽，其中鸡罩帽比较常见，它是用一整块长方形布合缝，上端打折，顶开直径约一寸（约 3.3 厘米）的圆孔，形若鸡罩，故而得名。旧时有官吏戴长耳布帽，前额嵌一小明镜。中华民国时期，流行平顶缎帽、尖顶缎帽、海芙蓉帽、六瓣圆顶帽、礼帽、平帽等。20 世纪 50 年代后流行护耳绒帽、毛线圆顶帽、锅盖帽等。劳动时还常常戴草帽或竹笠以防晒防雨。

上衣

壮族男子上衣常见形制主要有以下数种：

对襟短衫。俗称唐装衫（或叫对襟布扣衫），近代壮族男装汉化后，已成为壮族男子家居、劳动乃至外出活动时最常穿用的单衣，结构造型较为简单。

中长对襟衫。俗称唐装外套，春秋两季或冬季天气稍冷时作为外衣在各种场合穿用。式样和造型大体与对襟短衫相似，所不同的是比短衫更长、更宽，下摆明显呈扇形，花色也仅限于蓝、青、黑数种。

右衽大襟衫。是一种圆领的上衣，纽路往右边腋下开，有的用铜扣，有的用布扣。衣袖长到手心，反折一层，衣袖宽 25 厘米左右，衣长盖过裤带处约 5 厘米。

斜襟唐衫。是壮族男子长穿的唐衫之一，这种上衣的襟沿是斜着向右腋下开的，纽扣等部位与对襟短衫相同。

马褂。是壮族男子常穿的一种外衣，长度及腰。穿时一般要先穿上长袍，再在外面套上马褂。

长袍。是壮族士绅和知识分子所穿的四季常服。长袍上部像衣，下部像裙，长及脚踝。缝制时上身量体裁衣，下摆既长又宽。用料一般为蓝色或黑色棉布，大襟向右边，布纽扣。长袍一般外罩马褂，天气较热或在家赋闲时亦可不罩马褂。

短褂（背心）。为壮族男子天热时家居或劳动时所常穿，分大襟和对襟两种，无袖，衣领可有可无。多采用白色或灰色等浅色棉布缝制，省工省料，凉快简朴，轻便耐穿，易于换洗。天冷时可作为内衣穿。短褂的另一种样式是无领套衫，不开襟，只在衣服上端剪一个洞套穿，如史籍上所载的"贯头衣"，为壮族男子一年四季都可穿用的内衣。

此外，还有对襟布扣棉衣、夹衣等，其款式与单衣相同，唯纽扣数量较少，以方便穿脱。

### 下裳

下裳即古代的"下体之衣",有裤、裙、绑腿等。壮族男子古时穿裙,现已改为穿裤。

壮族男子传统的下装主要是宽裤头、宽裤管的"大裆裤"。无论是家居、外出探亲访友,还是上山下田干活,壮族男子都穿着这种简单、式样统一、颜色单调(主要为黑、蓝、灰色)、制作容易的裤子。这种裤子无裤袋、无门襟,裤裆无前后之分,裤头比腰围宽八寸至一尺(约26.7~33.3厘米),多用不同于整条裤子颜色的布制成,穿时把裤头折褶,裤带多为布条,或用铜钱穿上水带(特粗线织品)。穿时用布带系牢。

此外,壮族男子上衣喜欢穿唐装,下装搭配仿西裤,这种仿西裤一般用蓝、黑、灰色棉布缝制而成。

在山区居住的壮族男子为避山石荆棘刺伤,多于小腿缠裹绑腿,即用长长的布条将腿部自下而上缠绕,一般缠至膝盖,布条一般为黑色或青色、蓝色。

### 鞋袜

布鞋是壮族常穿用的鞋样。男鞋多为素面,以青、蓝、咖啡、土黄色面料为主,在鞋面口敞上镶滚一道与鞋面同色或异色的边饰,一般没有带子。平时壮族男子一般穿素面布鞋,成亲时要穿五彩绣花鞋。按季节分,布鞋可分为冬季的棉鞋、春秋季的单鞋和夏季的草布鞋。

壮族早在宋代就有穿木屐(俗称板鞋)的习俗。木屐的鞋底多用苦楝木制作,也有用银木、松木制作的鞋底。有的地区还自制竹屐,这种竹屐是将小竹条拼在一起,用小竹钉固定而成,形似竹筏。

壮族男子也多穿草鞋，草鞋多用稻草、黄麻、刺竹壳或破布编织而成，鞋面仅有几条稀疏的绳子，不包鞋头，通风凉快。

壮族过去很少人穿袜子，打赤脚居多，穿鞋也光足而履。部分人所穿的袜子也多是用自家土布织成，老年人多穿黑色、蓝色，青少年多穿白色。

### 女装

#### 头服

壮族妇女用土布、毛巾等包头者众多，有的地区的妇女甚至常年戴头巾，颜色与衣、裤、裙相配套，有劳动、居家和盛装之分，在不同场合戴不同颜色的头巾，还有长幼、婚否之别。头帕的式样因不同支系、不同地区而呈现明显差异，大致有缠绕式、披搭式、缠绕披搭交错式。颜色多以灰、白、蓝、黑为主。

帽子多为壮族妇女在春秋或冬季天气稍冷时戴。连山壮族妇女戴黑毛线织的圆头帽，帽边用红色或黄色毛线缀成波浪形图案，帽的右边有一朵红花，亦用红毛线织成。东兰还有一种自织的盆形平顶毛线帽，很为壮族青年女子喜欢。其他地区多戴圆顶毛线帽、鸡罩帽和捂头绒帽等。

#### 上衣

壮族妇女多穿右衽衫和对襟衫两种上衣。①右衽衫。多为无领或短立领（又叫直领），纽路从颈口往右边腋下开，扣子多为布扣，或在右腋下及衣袖边缝上系带。右衽衫有长有短，有宽有窄，视地区而不同。②对襟衫。桂北地区妇女着深蓝色或带花短衫，外面套上一件对襟白上衣，对襟衣无衣领。云南文山、马关一带山区壮族妇女穿对襟衫，腰窄小袖，纽扣密集，衣长至臀部，袖长至肘，袖口镶有 3 寸（约 10 厘米）宽的杂色花边。贵州省从江县刚边壮族乡的壮族妇女在黑色兜肚外罩一件无扣黑色对襟衣，襟沿镶上青、蓝、黄三色布边，衣袖末端和下摆也绣上几道彩色布边。广西大新县宝圩乡板价屯的壮族老年妇女也穿对襟衫，短及脐部，襟沿镶上彩色花边。云南文山西畴县壮族姑娘上衣对襟，短仅齐腰，腰部向两边微微翘起。广西南宁隆安县的对襟上衣较短，袖口较宽，襟、袖镶五色布条。

此外，黑衣壮妇女还穿一种少见的左衽衣，上衣衣领是交领式，即衣领直接连左右襟，衣襟在胸前相交，领子也相互交接，衣襟是左衽，衣袖较窄。

披肩（也叫垫肩）。壮族妇女因常年劳动，经常挑东西，衣服的肩膀处很容易被磨破，所以习惯在肩上围上一块垫肩。垫肩上绣上各种花样图案，制作精致，成为壮族服饰的一个组成部分。

围腰（围裙、兜肚、腰围、腰带）。是上衣的辅助部分，又是与下裳相连接的过渡性服饰。壮族的围腰或围裳一般围于腹前，系于腰间，分为大小两种。

下裳

壮族各地妇女的裙子样式大同小异，只是颜色、花样不一。裙分短裙和长裙，短裙及膝上，长裙可至脚踝。裙子又可分为百褶裙和筒裙，百褶裙像一张扇形的大布，裙头皱褶，裙的两头各系有布条，有的为素色，有的则有花或末带垂线，系裙时由前面围向后面或左右相向而围，留有系带自然垂下。筒裙一般无褶。

壮族妇女裤子样式与男裤相同，一般为宽裤头宽裤管的大档裤或直筒裤，裤的裤头与裤的颜色不同，年老的妇人穿黑色，年轻女子多穿青色或蓝色。旧时壮族妇女的绑腿以实用为主，现今则增加了美观的内容。

**鞋袜**

壮族妇女多穿自制的花布鞋，广东连山妇女也穿一种"猫鞋"。

◆ **配饰种类**

壮族的佩饰挂件多姿多彩，除了金银玉器佩件外，还有褡裢、香包、鳞球、挂袋、筒扇等，这些成为壮族服饰总体构成不可分割的一部分。壮族妇女尤为喜爱佩戴银饰，银饰种类繁多，有银梳、银簪、银针、银钗、银圈、银帽、耳环、项圈、项链、胸排、戒指、手镯、脚环等。节庆时的盛装，有的佩戴几副颈圈、十多只戒指、几只手镯，全部金银首饰重达数斤之多，走起路来叮当作响。这些首饰被打制成栩栩如生的动物、秀丽多姿的自然景物、各种几何纹饰或吉祥图案，雕刻手法有浮雕、透雕和圆雕，立体感强，具有浓郁的地方民族风格。

◆ **服饰色彩**

蓝、黑两种颜色是壮族传统服饰最基本、最普遍的色彩。黑色在壮民的心目中是庄重、严肃的象征。壮族习俗以黑为贵，把黑衣、黑裙、黑裤、黑头巾作为礼服，只有参加婚礼、做客、赴宴、盛大节日、宗教祭祀等重大场合，人们才穿上黑色盛装。

# 布依族服饰

布依族主要分布在贵州布依族苗族自治州、贵阳，云南文山，四川宁南等地。布依族妇女善于纺织刺绣，其服饰历史悠久，历史上著名的

"仲家布"即指布依族的布料。布依族的传统服饰是男着衣衫，女穿衣裙，妇女衣、裙均有蜡染、挑衣、刺绣图案装饰。

◆ **服饰种类**

**男装**

男子服饰简练，上穿对襟短衣，一般内里为白色，外为青色或蓝色，下着宽腿黑长裤，中青年男子包花格头帕或黑帖，帕头留有缓穗。老年男子多穿大襟短衣或长衫，颜色也多为内白外青蓝，包大头巾，系腰带，下着长裤，喜穿长筒白袜。

**女装**

妇女的服饰仍保留明清时期服饰的风尚。上衣为大襟右衽，盘肩花边，襟边、袖口处饰以一种俗称为"栏杆"的花纹，上衣长至膝。根据各地区服饰特点，可分为镇宁式、册享式和平塘式3种形制。

**镇宁式**

镇宁式是居住在黔西北的镇宁、关岭、六枝、盘州、水城、威宁等地的布依族服饰，其中以镇宁扁担山一带的服装最具特色。

镇宁式典型的服饰是开襟衣配三节式细褶齐踝长裙。上衣为青布小袖大开襟衣，襟缘、领、袖口和衣摆处均镶织锦，袖筒上有较宽的三节花边。银链挂于颈。三节细褶长裙上为青色，中为蜡染蓝底白花，下为蜡染的白底蓝花，色彩由深到浅形成渐变。盛装时裙子以多为美，多达七八条。系满襟围腰，围腰系得很高，上及乳下，下达膝下10厘米。腰系群青或绿色绸带，带端有穗并绣有花纹。

镇宁地区的老年妇女衣着朴实，头帕包得高而不露发，"假壳"（用笋壳作衬，外缠青布，其状如撮箕，前圆后矩，上面再戴绣花帕）少花饰，两袖筒上有三条花纹，斜襟、托肩上均有花边，下着蓝色长裙。

威宁的布依族少女戴绣花或饰花布的发勒条，据说每长一岁就增加一根勒条，所戴勒条的多少代表着姑娘的年龄。其上衣为绣花边的大襟衣，外套对襟敞胸坎肩，下着长裙，腰系白色大围裙。

册享式

册享式是贵州册享、望谟、罗甸、安龙、兴义、贞丰以及云南曲靖、罗平等地的布依族服饰。上着大襟右衽的小领窄袖浅色短衣，上衣的领口、襟边镶白细条，盘肩饰黑或蓝色栏杆后，再镶一条粉红花边。下穿深色小裤口长裤。在袖口、裤脚处均镶饰花边。头包花格或黑色头帕。

平塘式

平塘式是黔中、黔南惠水、平塘、都匀等地的布依族服饰。上着大襟右衽无领衣，盘肩镶 10 厘米黑布又镶一圈花边，胸前系满襟黑布绣花纹的围腰。下穿长裤。头包花帕毛巾成筒状。

**鞋靴**

布依族男子多穿土布鞋，妇女则穿船形绣花鞋或毛边布鞋等，有的还穿一种细耳草鞋。

◆ **服饰色彩**

布依族服饰颜色丰富，以蓝、黑、白三色为主，缀红黄等色，花纹精致，整体配色大方和谐。

◆ **服饰纹样**

布依族妇女擅长蜡染、刺绣，服饰上所用花纹的种类也很丰富。蜡染的花纹图案多为花草或几何图形，常见的有蕨菜花、团花、小花、牵牛花、锯齿、三角、太阳、水波、龙凤、鸳鸯等。刺绣一般都是将图纸剪贴在绸缎上进行，种类有"贵高作""贵杂玛母""贵独粑""贵银钩""万字海""银钩闹老"等几十种。图案多为房舍楼阁、鱼虾龙蛇、河流船帆、飞禽走兽、花草林木、山水田园等，也有人物和神话故事图案，精细别致、古朴典雅。

# 朝鲜族服饰

朝鲜族主要聚居于吉林延边朝鲜族自治州，黑龙江、辽宁及内蒙古等地也有分布。

### ◆ 服饰种类

**男装**

一般为白色的斜襟短衣，用带子系结固定；短衣外面穿深色坎肩，为了便于盘腿席坐，裤子比较肥大，裤脚用布袋系扎。外出的时候，套穿长衫或长袍。男装外衣套深蓝坎肩或有布带纽扣的朝鲜族斜襟长袍。

朝鲜族男子戴高筒黑纱帽，19世纪以前，朝鲜族男子婚前梳辫，婚后梳发髻戴笠，平时戴网巾或岩巾，外出时戴笠。现今，一般青年男子戴鸭舌帽，中年人戴毡帽，老年者戴毡帽或笠。

朝鲜族男子的装饰品为腰佩，腰佩有腰带、荷包、妆刀、玩物等。

**女装**

朝鲜族女子平时穿白色衣裙，节日时穿鲜艳的彩色衣裙。妇女传统服饰为短衣长裙，上衣一般采用斜襟，长仅及胸，领下右侧饰两根飘带并扎成蝴蝶结，以系紧上衣两襟，飘垂于胸前。在衣裙边缘常常镶有彩色绸缎的边饰。裙子有长裙、短裙、筒裙、缠裙、围裙等。筒裙多褶，上接小背心，束于乳际线上；缠裙是长及脚踝的多褶裙，裙头缝有宽带子，用以缠裹在胸部。穿这种裙子的时候，要把裙下摆的一端提起来掖在右侧。未婚女子通常穿及膝筒裙，已婚女子则穿及踝的筒裙或缠裙。

朝鲜族女子发饰因年龄而变化，孩童时短发齐眉、齐耳。少女时梳一独辫，辫梢系彩色蝴蝶结。已婚妇女挽髻于脑后，老年妇女喜爱用白色头巾包头。

朝鲜族女子的头饰主要有发带、钗、簪等。

**鞋靴**

朝鲜族人早期穿革履，后来也穿草鞋、麻鞋、胶鞋，尤其朝鲜族妇女们穿的钩尖胶鞋更有特色。现普遍穿布胶鞋或皮鞋。

◆ **服饰色彩**

朝鲜族崇尚洁净朴素，清丽淡雅，喜穿白色的衣服。民间传说白色象征吉祥，可驱魔避邪。随着时代变迁，衣着也发生很大变化，最突出的是衣服由白色衣料变成各种颜色的衣料，青年妇女和少女的衣裙五彩缤纷、鲜艳夺目，具有浓郁的民族特色，在上衣袖口和衣襟上镶色彩鲜艳的绸缎边。飘带也是用红、紫、蓝色等绸缎制成。

◆ **服饰纹样**

由于历史渊源，朝鲜族服饰深受中原汉族服饰的影响，沿袭了很多中国君王冕服的式样。用黑色绸缎做团领，肩部绘有带色之龙，袖口画火、华虫、宗彝等十二章纹样，下裳用红绸缎缝制，裳前有藻、粉米的纹饰图案。

# 满族服饰

满族几乎分布于全国各地，其中主要集中在辽宁、吉林、黑龙江、河北等省市，多从事农业，信奉萨满教。其先民世居林海草原，靠猎熊、捕貂、挖参、网鱼为生。满族在历史上曾作为统治者民族，其服饰在清代成为"国服"，深深地影响了中华各族服饰，并为中国现代服饰奠定了一定基础。

◆ 服饰种类

**男装**

长袍马褂是满族男子的常服，其样式和结构都比较简单——圆领、大襟、窄袖，四面开衩，左衽，带扣襻，束带。这种服装便于骑马行猎，是满族人骑射生活中的创造。袖口上常加一个半圆形的袖头，称为"马蹄袖"，它在马上民族的骑射生活中具有保护手背和御寒的作用。男子箭袖旗袍在当今满族生活中已经绝迹，但在黑龙江、吉林的农村，常接出羊皮、狍皮的"袖头"以护手背，即是"箭袖"的遗风。男子的马褂除了有短袖和长袖之分外，开襟方式也有所不同。腰带亦是满族穿长袍时必需的束腰，夏季扎镂空丝板带，其颜色为黄色、红色或者蓝色。腰间常悬挂多种配饰，以刺绣精美的烟荷包最为雅致。

此外，坎肩在满族人的生活中也非常重要，分为对襟、斜襟、琵琶襟和一字襟等不同款式。其中一字襟坎肩又称为"巴鲁图"（勇士）坎肩。是在前胸和两肩上都装有纽扣的样式，非常便于穿脱。到了清代中晚期，一般穿在袍子的外面。

男子下装有便裤和套裤之分。便裤多为蓝色、黑色，男女老幼式样一致，没有口袋，不分前后。套裤是两个不相连接的裤管，穿时套在裤子外用以御寒。

满族男子发式为"剃发垂辫"，只留颅后发，梳辫。满族男子不分长幼，一年四季均戴帽。帽可分为礼帽、便帽两大类。礼帽是出门、会客时戴的，也称大帽。夏季戴的礼帽为圆锥状凉帽。秋季礼帽用黑色薄毡制成，上端为扁筒形，下部平檐。礼帽一直沿用到 20 世纪 50 年代，以后戴者渐少，但现又趋流行。便帽又称小帽，俗称"瓜皮帽"，老幼都可戴。明代时在汉族中已流行，称"六合一统"帽，清时已普遍戴用。

满族帽饰习俗对官服产生了深刻影响，清代用顶戴以区别官员品级。顶戴，俗称"顶子"，是指贵族、官员冠顶上镶嵌的宝石。按照《会典》规定，各级官员，无论穿什么样的衣服，衣冠上要镶嵌各色宝石和素金，以示品级。

### 女装

满族女子爱穿旗袍。传统旗袍的特点是立领、右大襟、下摆开衩，有琵琶襟、如意襟、斜襟、绲边或镶边等。到清代盛世时流行"十八镶"，即镶上 18 道花边。清代后期，满汉族女子互相效仿装束，服饰风格相互交融，满汉女子服饰差别日益减小，遂成为旗袍流行全国的前奏。20

世纪上半叶，旗袍得到改进，腰身宽松，袖口宽大，长度适中，便于行走，成为当时中国妇女较流行的服装。除长旗袍外，还有短旗袍，下面套绣花长裙，又是一番韵味。满族妇女原不穿裙，均穿便裤和套裤（以便骑马射箭），后受汉文化影响，也渐穿长裙。

坎肩，又称背心、马甲，是满族的传统服饰之一，是吸收了汉族"半臂"的特长发展起来的。坎肩无领、无袖，穿着方便，常套在旗袍之外以增加色彩变化，富有装饰作用。用料讲究，款式亦多样。常见的款式有对襟直翘、对襟圆翘、琵琶襟、一字襟等。

满族女子在盛装时会梳被称为"两把头"的旗髻，这是将头发在头顶分为两绺后梳成的横髻与压在脖颈后的扁髻相结合的发型，与旗袍相配，以体现女子的优雅气质。清代后期以后，满洲贵族妇女盛行顶戴"大拉翅"，也称"旗头"，即由"两把头"的发式发展而来。满族妇女喜鲜花，并喜在头发上插金银、翠玉等制成的压发簪、珠花簪等。

### 鞋靴

靰鞡，又写作"乌拉""兀剌"，其名称来自满语对皮靴称谓的音译，是一种东北人冬天穿的"土皮鞋"，为满族先民所创。制作靰鞡多是用黄牛皮，也有用马皮或猪皮。靰鞡内絮靰鞡草，轻便暖和，适于冬季在寒冷的雪地上行走。靰鞡草纤维长而有韧性，因能制靰鞡鞋而被列为"关东三宝"（人参、貂皮、靰鞡草）之一。直到20世纪六七十年代，靰鞡仍然是东北农村最主要的冬季鞋。

满族的女式旗鞋称为"寸子鞋"或"马蹄底鞋"。鞋底中间，即脚心部位嵌上 3 寸（约 10 厘米）厚的木头，用细白布包上，木跟不着地的地方常用刺绣或珠加以装饰。这种鞋的鞋底平面呈马蹄形，所以得名"马蹄底鞋"。旗鞋的底面呈花盆形状的，称为"花盆底鞋"。老年妇女和劳动妇女所穿旗鞋多以平木为底，称为"平底绣花鞋"。

满族的女鞋表面都有绣花，而袜子多为布质，袜底也纳有花纹。鞋底外面包着一层布，布上绣有花纹；鞋帮用绸缎或绒布制成，上绣云图或八宝纹。中华民国以后已不多见。

◆ 服饰色彩

满族的服饰色彩多以淡雅的白色、蓝紫色为主，红色、粉色、淡黄色、黑色也是其服饰的常用颜色。在传统上，满族有尚白的习俗，以白色为洁、为贵，白色象征着吉祥如意，妇女尤好白色，穿白色大袄。满族还把蓝紫色看作福色。

满族先民中南部地区受白山、神石崇拜而尚白；而黑龙江中下游的北部地区则受乌鹊崇拜影响而尚黑。近代民间满族男子服饰亦多黑色。

◆ 服饰纹样

满族悠久的服饰历史蕴含着丰富的文化内涵，服饰中色彩、纹样、佩饰均体现了他们的审美情趣。清代织物纹样多以写生手法为主，龙狮麒麟百兽、凤凰仙鹤百鸟、梅兰竹菊百花，以及八宝、八仙、福禄寿喜等都是常用题材，色彩鲜艳复杂，对比度高，图案纤细繁缛。满族妇女擅长刺绣，服饰的衣襟、鞋顶、荷包及枕头上，到处都可以看到龙凤、鹤鹿、花草等吉祥图案。

# 侗族服饰

侗族主要分布在湖南、广西、贵州、湖北等地，其中大部分居住在贵州黔东南苗族侗族自治州。服饰千姿百态，平时穿便装，讲究实用，节庆时着盛装。

◆ **服饰种类**

**男装**

侗族男子服装已与汉族有很多相似，仅黔东南的黎平、榕江、从江山区的侗族男子保持着民族服饰。

男子盛装时一般包闪光的紫色头帕，帕端绣红绿色锯齿纹。跳芦笙舞时戴银帽、银链或插羽毛为饰。上身穿高领发亮的黑紫色侗布做成的对襟衣，下着白色长裤。有的男装上绣有侗族特有的符号——太阳纹。

侗族男子的芦笙衣为古老的服装形制。不同的地域，其形制也不同。湖南地区的为对襟，门襟和下摆有镶绣，下穿帘裙，腰系围腰，围腰上有太阳纹和星辰纹。广西三江地区的上装右衽大襟，前后下摆用三角形彩色布拼接镶饰，外套镶花披肩，下穿黑长裤，外罩条装裙，披肩、衣摆、裙子均饰有珠串和羽毛。

**女装**

侗族妇女服饰较为丰富，多达 20 余种。其款式大致为紧身裙装、宽松裙装以及裤装 3 种类型。上装分为交领左衽衣、对襟旋袄和右衽大襟衣。

胸兜是侗族妇女特有的服饰品，贴身穿，绣花图案装饰部位主要在胸前颈下。黎平一带的侗族妇女盛装时专门将系胸兜的带子绕至背部，再用银锤坠住。银锤硕大而夸张，成为姑娘背上华丽的装饰品。

侗族妇女服饰按地域可分为北部地区和南部地区两大类型。北部以贵州的镇远、关柱、锦屏，湖南芷江、会同等县为代表。该地区与汉族及其他民族杂居，因此服饰已经发生了很大的变化，基本已改裙装为裤装。南部地区以贵州的黎平、榕江，湖南的通道、绥宁，广西的三江、龙胜为代表，该地区地处山区，故妇女仍保持着古老的裙装。

### 北部地区服饰

上衣为蓝色无领右衽大襟衣，托肩和袖口处绲边，下着青色长裤，系青色腰带。未婚女子长发结辫盘于头，已婚妇女则挽髻于脑后。

镇远报京地区的侗族妇女，上衣是无领右衽大襟黑长衫，长度至膝，盛装时系与衣等长的绣花围腰。下穿青色长裤，裤腿膝下镶有花边。姑娘长发盘髻于脑后，再缠青布帕，外层前方戴银花片，上有银马、银花、银坠铃。发髻上插满银花、银螺，华丽如银冠。

### 南部地区服饰

南部地处山区，所以仍保持着古老的传统服装。上衣为紫黑色的侗布，开襟无领，衣袖窄小，袖口处拼接玫红、蓝或绿色彩布。下穿黑色百褶短裙，系花围腰，腰部蓝或绿色的缎面腰头表示未婚，已婚者为深色。腿系紫黑色裹腿并结彩带于双膝外侧。头上插满银饰，银花最上端还要插一支长尾锦鸡毛。

黎平肇兴和三龙侗族女子，上着大襟右衽无领上衣，袖长至肘，袖口镶饰花边，露出内衣。腰围黑色围腰。头发挽髻于右侧，上插木梳。

盛装时，上穿侗布上衣，开襟交叉于胸前，袖口镶浅蓝色边，上臂饰花边。下着青色细褶短裙，外系围腰，围腰上有银饰，腿上裹黑色裹腿，并系彩色布带。

黎平尚重的侗族上着蓝色右衽衣，有的外套挽袖上衣，袖口肥大，有10余厘米的花边，能露出内衣袖。下着百褶短裙，系大围腰，缠裹腿，头戴银冠。

黎平洪州的侗族妇女，上着蓝色无领大襟衣，下着黑色长裤，腰系黑围裙。头部包黑底绣花头帕，颈部戴多支银项圈。

黎平江口的侗族妇女盛装时，上穿黑色无扣斜襟衣，下穿黑色百褶裙，腰系织花腰带、绣花围腰，围腰上有银饰，裹黑色裹腿，裹腿外缠蓝色带子。头戴银花，颈部戴大项圈。

**鞋靴**

侗族妇女的鞋子精致漂亮，不同地区也有形制的差异，如双耳绣花鞋、无跟翘尖绣花鞋、船型勾嘴花鞋、翘鼻绣花鞋等。也有穿草鞋或赤脚的。男子则多以穿草鞋、布鞋为主，有的赤脚。

◆ **服饰色彩**

侗族大都穿自纺、自织、自染的侗布。喜爱青、紫、白、蓝等色。黑青色多用于春、秋、冬三季，白色多用于夏天，紫色多用于节日盛装。女裙多用黑色。侗族服饰格外讲究色彩配合，配色和谐优雅，主次分明，色调明快。

◆ **服饰纹样**

侗族人认为万物有灵，信仰多神，服饰上常出现表现出其信仰的图案，如太阳纹、榕树纹、龙蛇纹、鱼骨纹、三角纹、菱形纹、谷粒纹、水波纹、涡旋纹、云雷纹、齿形纹、十字纹、凤鸟纹、龙纹、月亮纹等。

# 瑶族服饰

瑶族主要居住在广西壮族自治区、湖南、云南、广东及贵州等地区。

瑶族常见的头饰有塔式、平顶式、飞檐式、顶板式、尖头式，加之色彩、材料、制作方式的不同，更是多姿多彩。瑶族各支系名称往往与服饰形制特点、区域以及信仰崇拜有关系。如瑶族多数崇拜始祖盘古王（即盘瓠），有的支系便称为盘瑶或盘古瑶；有的支系善种蓼蓝染色，穿青衣，便称为蓝靛瑶。

### ◆ 盘瑶服饰

盘瑶主要指居住于广西和云南境内，是信仰崇奉盘王的瑶族，又称盘古瑶。盘瑶居住地区广阔，各地服饰不尽相同，但服饰色彩较一致，都是蓝靛染成的青黑色，所包头帕不管是圆盘状还是尖头状，大多也是红、黄等暖色调的织锦。

### 男子服饰

盘瑶男子服饰形制为穿黑布交领衣，黑色长裤。桂平盘瑶的男子多用长条织花纹彩带将头包为圆盘状，在一侧耳后上方的圆盘上伸出一节彩带垂于肩并在末端缀有丝棉；披花披肩，襟沿织彩边；系花围裙，腰礼数条锦带；腿上凡有白花纹的绑腿，用红丝带固定。贺州盘瑶男子服

饰与桂平服饰较为接近，仍用织花瑶锦缠圆盘状头饰；披花披肩；上衣
为斜襟交领衫，袖口饰红、黄、白、蓝、黑等色布条，头帕两端饰有瑶
锦；上身穿对襟黑布短衣，内穿白对襟衣，下穿黑色长裤，腰系皮带。

### 妇女服饰

广西田林盘瑶服饰。该地区的妇女用六七米长的黑底有通天大树纹
的头巾包头，层层缠绕，在额前交叉为"人"字形，露出头顶的头发，
穿青黑色长过膝的斜襟无扣交领衣，腰以上的领襟怀有方块和折线几何
图案，两侧缀饰一圈红绒球，后背挂几十根饰有珠串的红色丝穗或戴一
块镶有蓝边的黑色披肩，内穿胸衣，领饰有红、黄等横条和银泡，胸前
饰一块红底绲黄、蓝、白等色边的布，并且缝钉上五六块长方形银牌，
下穿蓝色长裤，围黑色镶宽蓝边的长围裙，长衫袖口饰有宽蓝边，与围
腰蓝边呼应，系六七米长的腰带，围腰头拼花并缀饰珠串与丝穗。出门
时姑娘们手持彩色丝穗，指带响铃，走动时铃声阵阵。

云南麻栗坡盘瑶服饰。该地区妇女与广西田林盘瑶服饰比较接近，
只是头部的黑头帕顺着一个方向缠绕，不交叉成"人"字形，外层缠花
瑶锦。胸部的装饰与前者相似，一串绒球镶饰在前胸织图案的四周。所
着长裤用瑶锦制成，大腿到膝还裹上层层瑶锦。

广西桂平盘瑶服饰。桂平的大藤峡曾是瑶族聚居地，明代瑶族起义
失败后，仅留下部分盘瑶在此。其妇女包头样式繁多，大都以长条彩带
包头，有的先用红色织花带缠头，再用黑、白或红、黄的织花带缠成盘
状，再在头上盖一块织绣得十分精美的瑶锦或刺绣，边沿均缀有红色丝
穗，有的搭一块白色的织巾帕。上衣是青黑色无扣交领上衣，前短至腹，

后长至小腿。衣服胸前缀横排着的四个银牌和上中下三排用红线和红、黄、白黑边的蓝披肩，上面饰有黑色珠串和红丝穗；腰束七条锦带，系蓝边黑底拼花小围裙，腰后系一条红线连成的腰裙。下着裤脚有宽花边的织锦裤。全身形成黑色与红、黄相配的对比强烈的色调，非常艳丽。

广西金秀盘瑶服饰。金秀瑶族自治县旧称大瑶山瑶族自治区，境内盘瑶多住山上，以山地农业为主，喜狩猎。妇女头饰多以白纱线或红纱线缠头，形成上大下小圆柱形，再用瑶锦带缠在纱线之外，锦带上饰有珠串，在锦带上分别垂下九束彩穗，头顶再覆地长60余厘米的交领衣，无领无扣，中青年妇女多穿胸衣遮胸，胸前缝两块红布，左右各一块，俗称"衣襟"，左右襟各用彩线挑绣15厘米左右宽的花边，从领口直到腹部，上面的纹样多为小人花、八瓣花，袖口用红花布镶边。腰系绣花小围腰，镶蓝色宽边，下穿深色长裤。用白色腰带缠腰，再用一条彩线绣成的花腰带缠紧，腰带两端有30余厘米的彩带垂于腰的两侧。黑上衣外还要配红底黑织的锦带，交错于胸前。

广西贺县（今贺州市）盘瑶服饰。贺州的妇女头戴十余层彩布和瑶锦组成的尖塔状的帽子并缠上饰有银牌、银花的红带和黑白珠串及线穗。她们上身穿无扣交领青黑色长袖衣，两襟均挑花边，袖口用彩布条和花边装饰。戴披花、镶边、缀流苏的披肩穿黑色长裤，系镶有多层花边的黑色围裙，用花腰带将围裙系紧，随身挎彩布条镶饰的挎包。便装装饰较少，不佩戴银饰、披肩和围裙。

◆ 花瑶服饰

花瑶主要居住在湖南隆回、溆浦，广西融水及贵州黎平等地，由于人们从头到脚、上衣下装都绣满斑斓花纹，因而称之为花瑶。

融水花瑶男子用黑布头帕将头包成很高的圆筒状，头帕端有彩带从包头顶自然下垂。他们喜将多件上衣重叠穿在身上，内衣为对襟浅色短衣，外衣为右衽黑布衣，并且从里到外依次一层比一层短。下穿黑色窄腿长裤，犹如马裤一般，显得剽悍利索。贵州黎平花瑶男子穿无领对襟黑上衣和黑长裤，头包黑帕，头帕外戴饰有银花、银锥体的红头带，上插白色羽毛，上身斜披红色织花带。

融水花瑶发型特别讲究，将长发分成多股在头上盘成髻状。少女发型突出标志是将发梢扎成圆拱状发圈，结婚后拱形发消失。上身穿黑色无领衣，下穿黑色百褶裙，裙摆镶彩色花边，打黑绑腿，系镶红、白边饰的黑色菱形花围裙。湖南隆回、溆浦及贵州黎平的花瑶妇女用黄、红等色的瑶锦和花格布包头。上衣是对襟式绿色花长衫，外套黑色对襟坎肩，白挑花围裙。

◆ **排瑶服饰**

排瑶主要是指居住在广东连南瑶族自治县的瑶族。古时该地区的村寨称为"排"，因此居住在这些地区的瑶族被称为"排瑶"。其中以油岭、三排的服装最有代表性。

排瑶男子脑后扎髻，包红头巾，插鸡毛翎羽，上穿无领、无扣青黑色长袖齐腰短上衣，袖口镶蓝色边饰，肩部缝半圆形的白布"垫肩"（俗称云肩）。下穿过膝黑色长裤，系红色腰带，外出时常挎瑶锦花包。节日盛装时男子穿绣花镶红边的黑裙，背披红披肩，披肩上饰小银鼓和银铃，戴大银圈耳环和银项圈。

排瑶女子梳朝天髻，少女的髻上缠红绒线，用白木通、野草珠作为装饰；已婚妇女头上套一个用桐油树皮做的髻壳。她们还戴大银圈耳环和十余个银项圈，穿无领无扣斜襟右衽长至膝的上衣，襟边与袖口均镶有蓝边，肩部也有白色云肩，下穿黑底红色宽边织花裙，系白色腰带，打黑色红边裹腿。

### ◆ 茶山瑶服饰

茶山瑶自称"拉伽"，主要居住在金秀瑶族自治县的金秀河沿岸。年轻妇女劳动时穿便装，其形制为将头发盘于头上并用红色瑶锦带缠绕，再用绲有花边的白头巾包头上穿斜襟交领无扣黑色长袖短衣，衣领、衣襟、下摆、袖口处均用红色瑶锦镶饰；下穿黑色窄腿长裤，套镶红织锦边的黑色腿套，用带穗的红色织花带系小腿腰系两端有彩花的白腰带，并且在后腰打结，带端图案显露出来；腰围镶有红色织锦的黑色小围腰，斜挎红色瑶锦花包，全身上下为黑、红、白三色组成，色彩鲜亮而厚重。

茶山瑶妇女盛装衣着与便装相似，变化主要在头饰上。盛装时，先将长发梳成辫子盘于头顶，然后将三块长近40厘米、宽约7厘米，重近1千克的弧形银板固定在头顶，两头翘如飞檐一般，最后用红色织带盘头，配以白色头巾披于脑后。挺拔的银板、硕大的耳环以及全身黑、红、白色的配搭，显得庄重大方。

### ◆ 坳瑶服饰

坳瑶人自称"坳标"，居住在广西金秀瑶族自治县。坳瑶男子头缠蓝、白花纹的头巾；身穿无扣交领，对襟黑布衣，束白色拼花腰带；下穿黑色长裤。坳瑶女子长发盘于头顶，用竹笋壳编成的梯形竹帽戴在头上，盛装时在竹笋兜帽四周插上五枚银簪，两侧缠绕上银链，并将铲形的银板插入额前发中，上身穿交领对襟中长的黑布衣，衣襟饰有红边和有卷草图案，下穿黑色短裤，小圈套腿套系腰的白布带上，还要用瑶锦带扎紧，戴多个项圈和银链。

◆ **蓝靛瑶服饰**

蓝靛瑶自称"金矿"，其意为瑶人。他们善于种植蓼蓝，服饰又以蓝靛染成，故被称为"蓝靛瑶"。主要居住在广西百色、那坡及云南金平、河口、麻栗坡等地。蓝靛瑶多穿对襟黑布衣、黑长裤，包黑色头帕、打绑腿。广西百色、那坡蓝靛瑶族妇女常将长发盘于头顶并用一大束白色棉线扎住头发，用形如圆盘状的银头盖将头顶盖住，银头盖四周有三排银币式的饰物，在额前包上多层蓝白花头帕。云南金平、河口、麻栗坡蓝靛瑶服饰大多为蓝黑色长袖衣（有对襟和斜襟），胸前均有一大束50厘米长的红色绒线彩带，或白、红、黄相间的70厘米左右长的绒线毽子用银花固定在领口处。

◆ **花蓝瑶、布努瑶服饰**

花蓝瑶男子包白色或红色头巾，上穿交领黑色长袖无扣短衣，用腰带束紧，下穿黑色长裤。盛装时戴银项圈，腰带上挂有彩穗的银质烟盒。布努瑶男子包釉挑绣花的黑头巾，头巾两端的彩穗垂于脑后，上穿无领或矮领对襟蓝布短衣，下穿黑长裤，腰挂银烟盒、烟斗等物。

花蓝瑶妇女头饰讲究，先将长发梳为"半边头"，即梳发平于眉线再倒挽于头顶，夹上银夹并用多层黑头巾包上，头巾包得很低，能遮住双眼和眉毛，仅留出双眼黑头巾上再包白头巾，使包头外形成梯形。她们上身穿黑色无扣交领衣，衣长过臀，领和襟边绣黄、红等彩色花边，衣袖和下摆分别有 30 厘米宽和 10 厘米宽的黄、红色图案。用白色挑花腰带用来固定上衣。腰带上悬挂银质烟盒、银链和银花。下穿齐膝黑色短裤，扎黑、白花纹的织锦绑腿并用红色织带系紧。肩披与服饰同色系的披肩，披肩是黑底上挑绣精美的红、黄色花边，饰珠串和流苏，戴银项圈和银手镯，围白色围巾，与白头帕、白腰带相呼应。

布努瑶妇女长发盘髻，插七八支银簪，再包两端绣花的黑头帕。少女则在黑帕上搭一白底拼花有串珠的头帕，穿黑色右衽花边短衣，胸前挂多个半月形银项圈并系响铃、丝穗、银牌，下着黑色百褶裙或长裤，臀后围六七条彩色挑花飘。

◆ 红瑶服饰

居住于广西龙胜一带的瑶族，因其妇女上衣为红色调而被称为"红瑶"。她们蓄发盘髻，年轻姑娘和已婚未生育妇女都用一块中心和四角均有刺绣菱形图案的黑帕包头，包头时额前正中露出菱形帕角，但不能露发。生育后的妇女不再包头。上穿左衽交领短衫，用桃红或朱红色与黑线交织而成的瑶锦做成，领沿镶饰有红、白、黑色的花边。下身穿青黑色围裙，再系多层腰带，里层为白色和蓝色白花，最上面为红色织花带，缠黑布绑腿。龙胜泗水乡的红瑶穿黑色上衣，后背、两肩和前襟上有人形纹、狗纹、龙纹、船纹等图案。

◆ 白裤瑶服饰

居住在广西南丹县的八圩和里湖瑶族乡的瑶族男子皆穿白裤，故得名"白裤瑶"。男子过去皆蓄发盘髻，包白布或黑布长头巾，上穿交领无扣黑上衣，领襟和领口镶蓝边，背部和两侧有开衩，衣摆镶蓝底米字纹花边，盛装时将多件上衣缝在一起，从里到外一件比一件短，每件都露出衣摆的十字花边，下穿白色短裤，又称"马裤"。白裤瑶妇女落发盘髻，先包黑头帕，再用白带固定，冬季穿右衽蓝色短衣，夏季穿贯头衣。上衣的下摆镶有米字纹的花边，下穿蓝、白或着黑色的蜡染百褶裙，裙摆有红色花边，盛装时在黑布绑腿外还要缠绣花绑带。

◆ **红头瑶和花头瑶服饰**

红头瑶居住在云南的金平、河口等县，因头饰色彩为红色而得名"红头瑶"。红头瑶又分为三种不同的头饰，即尖状红头瑶、圆筒状红头瑶、河口红头瑶。花头瑶居住在广西上思县十万大山一带。

◆ **土瑶服饰**

土瑶居住于广西贺州。土瑶男子便装时用七八条头巾将头缠成圆柱状，婚礼时有的用十余条毛巾包头，毛巾外还用丝绒和珠串包缠。上身穿蓝色对襟布扣衣，衣长40多厘米，胸前各缝有一衣袋，内穿白色对襟衣，其白衣领和衣襟翻于蓝衣外。胸前挂数十串串珠、彩穗，下穿大裆、宽裤口蓝长裤。土瑶妇女发饰奇特，多将头发剃净，再戴上用油桐树皮做成的帽子。帽顶要盖数条毛巾，用彩线将毛巾、帽子紧系于头上。毛巾上撒披串珠和彩线。着盛装或婚礼服时，在树皮帽上搭盖的毛巾多达10余条。土瑶人用彩色颜料在毛巾上书写情歌及表达爱情的词句作装饰，同时还要佩戴数十条串珠与彩线。穿蓝色无扣齐脚踝的长袍，两侧开高衩，用织花带束腰；长袍外套短衣，下穿长裤。长裤后腰处饰一瑶锦，边缘缀有红色丝穗，将腰以下的长袍遮住。

### ◆ 长袍瑶与青裤瑶服饰

居住在贵州荔波的部分瑶族人爱穿长袍和青色衣裤，因此分别得名"长袍瑶"和"青裤瑶"。

长袍瑶妇女用青布包头，包头布上有正方形图案，包头时将正方形图案包在头部前方，再插上一支银簪，上穿青色无领无扣右衽衣，背披蜡染挑花背牌，颈部戴大小不同的四五个银圈，手戴银钏，下着蜡染挑花百褶裙。

青裤瑶妇女将长发挽髻并插三根银簪于头顶，颈部戴多个银圈，银圈上佩戴鸡形银饰于胸前。穿青色上衣，外罩一件有挑花背饰的贯头衣，着青色长裤，外系长围裙，上有挑花和蜡染图案围织花腰带。

# 白族服饰

白族主要聚居在云南大理白族自治州，在昆明、丽江、元江、保山等地也有分布。白族的民族服饰多以白色为主，特色鲜明。

### ◆ 服饰种类

#### 男装

白族男子服饰差异较小，简单朴实。上着白色对襟上衣，上衣以多件为美，称为"千层荷叶"，一般穿三件，外短内长，称为"三滴水"，腰束绿色、白色的腰带，称为"裹柱"，外罩黑、蓝坎肩，称为"领褂"。有的地区男子穿羊皮领褂，领褂腰间有一圈口袋，又称"满腰转"，下穿白色或蓝色阔腿裤，裹绑腿。头部多包白布头帕，帕端绣花边并饰小绒球，节日时青年男子戴"八角帽"。老年男子多穿蓝色长裤，外罩黑坎肩或长衫。

### 女装

白族女子服饰形制变化较多，可分为大理型、保山型、丽江型、怒江型。

### 大理型

大理洱海地区的白族很大程度上保留了其传统服饰特征。上着白色或浅蓝色紧身上衣，袖口有花边，外罩蓝、红色右衽坎肩，衽扣上垂吊精细的银链和银质"三须""五须"、香包及绣花手帕等，腰部用三条宽腰带束紧腰部，腰带头绣花纹，腰带上再系短小的黑底绣花围腰，下穿白色或蓝色长裤，着绣花鞋。此外，还会挎一个名叫"福满堂"的小包。

青年妇女头戴绣花、扎染、挑花及印花方巾等共4块，戴时将方巾分别重叠成长条状后重合在一起，再以长辫和红头绳将头巾固定于头顶。头巾左侧一端饰白色丝穗和料珠并垂至肩部，这是姑娘未婚的标志。新婚女子梳"凤点头"发式。

鹤庆地区妇女盛装时上着白上衣，外罩红坎肩，右衽，扣上挂花手帕，系大围腰，腰部系丝帕。

### 保山型

保山市隆阳区杨柳乡等地的白族青年妇女，上着右衽白色或浅色短衣，围挑花肚兜，肚兜上至胸，用银链系于颈部，下至上衣下摆处，肚兜带垂于身后。腰围半截挑花围腰，围腰边缘有丝穗或绒球装饰，外罩黑丝绒对襟领褂，不系扣，露出里面的刺绣装饰。下穿蓝黑色长裤，脚着绣花鞋。头缠黑色整齐的圆盘大包头，头帕端有黑色绒球和丝穗垂于左侧。老年妇女包黑色包头，全身以黑为主，仅盘肩、袖口处镶边装饰。

### 丽江型

丽江的白族妇女上着白色或浅蓝色的紧身上衣，袖口有边纹装饰，外罩前短后长的红、黑色丝绒大襟坎肩，右衽，纽扣上垂挂挑花手帕和三须，系长围腰，下穿深色长裤。由于受丽江纳西族服饰的影响，妇女普遍披"七星小羊皮"。头饰用深蓝、湖蓝和黑色三块头帕包头，头帕两角上翘于后脑勺，形成飞鸟翅膀或兔耳状，用粉红或大红的毛线固定边缘。

### 怒江型

以云南怒江地区的白族支系勒墨服饰为主，这里的白族与傈僳族杂居，有的着傈僳族服饰，或以傈僳族细条纹麻布缝制衣服。

勒墨地区的妇女上着黑布与细麻布相拼接的对襟短衣，袖上用彩色布条镶饰，胸前挂数串彩色料珠和海贝、银币，下着黑布或麻布筒裙，背麻布或拼花布挎包，服装上少有刺绣。头戴红帽，帽上装饰白色纽扣，帽檐饰珠贝、银币，帽两侧垂珠穗，帽后垂有两条用纽扣装饰的飘带。

## 鞋靴

白族妇女多穿绣花布鞋，形制有船型绣花鞋、鸡冠鞋、鱼型鞋等。有的地区也有人赤足或穿黄胶鞋。旧时妇女还常穿红缨花碎布麻草鞋，现多已废弃。男子鞋子有"象鼻鞋"、布制凉草鞋、牛皮底鞋，老年人穿红缎万寿鞋、翘头鞋等。男女青年节日时穿绣花凉鞋，用雪白布面与布壳粘合，剪成所需鞋帮形状，绲边，绣以几何图案或二方连续图案，配以革底，最后在鞋头钉上绣球。

◆ **服饰色彩**

白族服饰以白色为主，男女老少都以白色为美，年轻小伙穿白色上衣，称为"漂白小伙"，妇女喜欢明快的青蓝色和白色，故有"一青二白"的美称。白族服饰虽以白色为主，但也有别的颜色搭配，并不单调。绿色、嫩黄、湖蓝、粉红、黑色，都是常用的配色。白族服饰的颜色也有地域差异，山区白族的服饰较艳丽，坝区的服饰则较朴素。

◆ **服饰纹样**

白族妇女的刺绣挑花和蜡染技艺高超，所以服饰的图案也很丰富，常见的有蜜蜂、蝴蝶、飞禽、石榴花、福寿花、万字花、犬牙纹等。白族以虎为图腾，妇女的头帕常有虎纹，小孩也常戴虎头帽，穿虎头鞋。

# 土家族服饰

土家族主要分布在湖南、湖北、贵州、重庆等省市的部分地区。

◆ **服饰形制**

**男装**

土家族男子头包青丝帕或青布帕，头帕包成人字形的纹路，有的地方则包得如小斗笠大小。上身穿对襟短衫，钉七对布扣，高领，袖窄而长，衣的下摆、袖口和领围用白色或灰色布条绲边。腰系黑带，下穿黑长裤。老年男子多穿右衽大襟衣，扎腰带，有的穿古老的琵琶襟上衣，钉铜扣，衣边上贴饰梅花条和云纹勾边图案。常在上衣外套黑色单褂，称"鸦雀褂"。

男裤是男子服饰的主要代表，裤子用青布或蓝布，以七寸宽的白布作腰，穿时提于腹前左右折叠，以绳系紧。由于平面看呈三角形，裤腰由左向右折叠，故称这种裤子为"左转弯"。土家族男子还有围裙的习惯，尤其爱系三幅围裙。这种围裙由三层重叠而成，一般为蓝布料或白布料，既能起到挡风保暖、保持衣服整洁的作用，也可作休息时垫坐，或作背扛时垫肩之用。冬天，青壮年缠青布裹腿。

土家族男子还喜欢使用"包袱"作特殊的装饰和实用品，即用一块1米见方的自染靛蓝布或白布，平时系于腰间作腰带用，做肩挑背扛的重活时作垫肩用。盛夏时，男子习惯赤裸上身，将包袱一端系于颈间，从后背垂下，形似披风，可遮挡烈日对身体的直接照射。

**女装**

土家族未婚女子不包头帕，留长发梳成独辫，用头绳扎系后，盘于顶或拖在身后。盛装时用红、蓝、青色毛线作头绳，垂吊头绳表示已许配人，头绳盘在头上表示已订婚。穿红色、蓝色或绿色右衽大襟上衣，下着蓝色长裤，盘肩、衣襟、袖口、裤脚处均镶饰有花边或贴梅花条。胸前围挑花围腰或绲边素色围腰。戴银饰，如瓜子形、灯笼形耳环、藤条银手镯、戒指等，胸前挂一大串银链、银牌、银珠、银铃。衣襟口系一条绣花手帕，花手帕是姑娘刺绣技艺的凭证。

少女的服饰以细长为特点，无领，或左或右开襟，袖口和襟为青边或花边。出嫁时的衣裳装饰更是斑斓多彩，最为典型的要数出嫁途中穿的"露水衣"。这种衣装由上衣、裤、裙三部分组成，上衣为大襟大袖、大摆，下衣裤脚宽大面短，裙为八幅罗裙和百褶裙，脚穿线花鞋，亦称

"露水鞋"，佩戴的银饰有手镯等。

已婚妇女脑后挽"巴巴髻"，包青丝帕或青布帕。传统服饰形制为上衣右衽、大襟，袖大而短，袖口饰有挽袖，用精致的挑花或刺绣装饰。衣长而大，领底、盘肩和襟边镶饰黑边的云头纹，衬以白细牙线，镶细条花边，做工精致。下为红色镶黑色云头纹边的裙子。夏天穿白布衫，外套青夹衣，俗称"喜鹊套白"。做家务时胸前系一块挑花围腰，多为青黑底上挑白花。儿童 4 岁以后的穿着开始男女有别。女孩头顶留一圈盖状头发，也有梳小辫者 5 岁穿耳、7 岁戴瓜子耳环。儿童所戴帽子名目繁多，帽形多以季节而定，春秋戴"紫金冠"，夏戴"冬瓜圈"，冬戴"虎头帽""鱼尾帽"。帽上绣吉祥纹样，镶嵌八仙、罗汉等银饰。

◆ **服饰色彩及纹样**

土家族人的服饰有尚白喜黑的特点。鄂西和宜昌一带的土家族以白虎为图腾。这一带的土家族人喜爱白色，包白头帕，夏天穿白衣。土家锦中也有虎形纹样，如"台台花"（虎头纹）、"毕实"（小老虎纹）、虎脚纹等。

湘西土家族的服饰尚黑，并以蛇为图腾崇拜。服饰面料土家锦中有不少蛇纹，如"窝兹纹"（大蛇花）、"窝必纹"（小蛇花）等。

# 哈尼族服饰

哈尼族主要分布于云南红河、元江、墨江、金平、江城、绿春等地。在澜沧、西双版纳的勐海、景洪及孟连等地也有散居。

## ◆ 服饰种类

### 男装

哈尼族男子上穿青蓝色对襟短衣或无领左衽短衣，袖窄长及腕，用布带、银饰或银币作纽扣，下穿裤管肥大的青蓝色长裤。节日时，喜穿一件白色的衬衣，外罩黑色或青色短衣。西双版纳的哈尼族男子身穿右开襟上衣，沿大襟镶两行大银泡。澜沧一带的男子身穿对襟上衣，大襟处镶两行银饰，两侧绣几何图形。

头包黑或白色包头，有的地区包有穗头帕，老人戴瓜皮帽。每逢年节或与姑娘约会，小伙子喜欢把羽毛或鲜花插在头上。

### 女装

哈尼族女子一般上穿右衽短衣，下装各地有所不同，主要形制有长裤、短裤、褶裙等。多用银泡、银片装饰，并且以银链、银币作胸饰。喜戴银饰，如银耳环、银项圈、银手镯等。哈尼族妇女服饰，依据其地域分布，主要有以下 5 种服饰形制。

元江哈尼服饰

元江地区哈尼族以那诺乡哈尼族人最多，哈尼语称其为"糯比"。未婚未育妇女均穿黑底或白底方块图案的绣花对襟短袖上衣，衣长在肚脐之上，钉银币为扣，但不扣仅作装饰，下着宽肥的长黑裤，穿翘头绣花鞋，系绣花腰带，已育的妇女穿黑色无花斜领右襟短衣，窄袖尖摆，衣短及脐，下着肥腿黑长裤，裤腰系得很低，以露脐为美，系黑色腰带，腰带头垂于臀部，称为"比甲"，再系一黑色小围腰，绣有三条系线，围腰带头有黑、红、白色穗，拴后垂于臀部。胸前戴银饰，多为银铃、银链和银质小鱼。

未婚未育妇女留长发，用红头绳将头发勒于额部，戴黑色绣花小帽，帽前缀满银泡，后侧缀有五竖排银币，小帽顶上缠有两串银珠。已生育的妇女编双辫交叉盘于头顶，包黑色方帕。

### 元江豪尼服饰

元江哈尼族的豪尼支系，在哈尼语中又称"多塔"。妇女上穿斜领右襟黑色短衣，下穿后有细褶的齐膝短黑裙，缠上蓝下黑的绑腿，系围腰和腰带，腰带头绣红、黄、绿色放射花纹。豪尼女子还喜在左肩斜披白底黑纹布条组成的披肩，再在两肩披白色绣花宽带，上面重叠披绣花黑带。女子会在戴银泡发带上再戴一大竹笠，并且将黑白花带固定在竹笠两侧。

### 西双版纳爱尼服饰

爱尼妇女内穿贴身胸衣，装饰由大小银泡，用一条带斜挎于肩上，外套黑色窄袖对襟或右衽短衣，衣袖上镶饰红、白、蓝等条纹，后背绣几何形图案，外衣无扣，露出胸衣。下着不过膝的黑短裙，系于脐下髋骨处，已婚者系得更低，只遮住臀部的下半部，腰间系花腰带，腰带两端垂彩色的珠链，上面缀海贝。

爱尼妇女头饰分为尖头爱尼、平头爱尼和扁头爱尼。金平地区多为尖头爱尼，其帽顶如花篮，由竹篾做成支架套在包头上，再缀以银泡、银币和红色的羽毛、绒球，垂吊多串料珠，另外还插十余对骨簪和绿色的硬壳虫。勐海地区的尖头爱尼头饰是将高耸的头饰置于脑后，两侧插羽毛、珠串。平头爱尼聚居于澜沧县一带，以大包头为特点，包头顶部呈水平状，包头上装饰红色布条、银珠串以及羽毛。扁头爱尼聚居于勐海地区，其头饰是由三大梯形块面组成的红帽，上缀满银泡、银币。

红河流域奕车服饰

奕车是哈尼族支系中古老的一支。奕车妇女上着黑色对襟衣，上衣又分为外衣、中衣和内衣，均无领，袖长及腕，以多衣为美。节庆盛装时穿九层衣。外衣称为"却巴"，斜领无襟，下摆呈半圆形，两侧开衩呈圆弧状，因形似龟壳，俗称"龟式裳"，右侧布扣悬垂布穗。内衣多为小坎肩，下摆有银饰品。下穿紧身短裤，裤管至大腿根部，系红色腰带，上缀银花。劳作时则少戴银饰，不系扣子。头戴三角形白色尖顶帽，称为"帕常"。

红河流域哈尼族服饰

建水一带的哈尼族妇女上穿对襟长袖短衣，外套坎肩，下着窄腿黑裤，扎黑绑腿，在胸前戴大银牌，称为"比素"。头戴银泡帽，将缀有银泡的大辫缠于帽顶，披有穗的黑头帕。

红河的哈尼族女子穿黑上衣，前襟为窄长襟，胸前和襟边钉满银泡，并饰以红布条，下摆镶三条挑花边，腰系蓝边黑围裙，拴系挑花宽腰带，胸前挂鱼形银饰。头戴缀有银泡的黑色小帽，帽顶饰红、黄等色穗须。

金平哈尼族妇女上穿前襟短、后襟长的内衣，外罩蓝色右衽大襟短衣，肩、襟边和袖口镶饰黑色宽边和小花边，下穿黑蓝布拼接的喇叭裤，在膝盖处用花边分割成两大色块。头包黑头帕，用红色头箍固定，再戴上两串银珠，头的左侧垂一组银链。

哈尼族老年妇女服饰多为青蓝色，上穿至膝的青色上衣，下穿黑长裤，包青色头帕。

**鞋靴**

哈尼族男子常穿布鞋或用木板、棕绳制作的木板鞋。女子多穿绣花鞋，西双版纳和澜沧一带的妇女平时多赤脚，年节穿绣花尖头鞋。

◆ **服饰色彩**

哈尼族人尚黑色，将黑色视为吉祥色、生命色和保护色，全身上下服饰均以黑色为主。由于哈尼族人种植靛草，青色也是常见的颜色之一。此外，红、黄、绿、蓝色也是常用的装饰颜色。

◆ **服饰纹样**

哈尼族对鱼有着图腾崇拜，银饰中多用鱼的形象。历史上哈尼族曾长途迁徙，历经苦难，服饰中也有很多记录民族历史的纹样。此外，还有涡形花、犬牙纹、树形图案、几何形纹、花卉纹、月亮纹等。

# 哈萨克族服饰

哈萨克族主要居住于新疆北部天山一带的山区草原地带及甘肃西北部河西走廊西端的山间盆地地区。

◆ **服饰种类**

**男装**

为便于骑马和放牧，哈萨克族男子服饰宽大而结实，主要包括皮大衣、长外衣、衬衣、坎肩、皮裤、长裤等。男子冬季外出放牧时，穿着皮大衣与皮裤，选材以羊皮为主。皮大衣款式多为合领、对襟、无扣，长度过膝、下摆不开衩，袖长过指。皮大衣白板朝外，毛朝里，一般不装布面，腰束宽皮带，上挂小刀等小生活物件。如果逢节日或走亲访友，则穿挂有布面的、装饰有民族特色图案的皮大衣。皮裤是用羊皮缝制成的大裆裤，宽大结实，便于骑马。青年男子上着高领刺绣套头衬衣，衬衣外套坎肩，在坎肩上还可再穿短外衣或称作"袷袢"的长外衣。下装以着深色条绒长裤为主，裤腰、裆部宽松而耐磨。裤口款式有大口裤、窄口裤，后者更便于穿长筒靴，在裤的边缘绣饰草叶纹或几何纹图案。足穿皮靴，根据不同的游牧环境穿不同种类的鞋、靴。夏季靴底较薄，轻巧；冬季穿长筒靴外套软皮制作的鞋套或羊毛擀制的毡筒，保暖便捷。

哈萨克族男子有戴帽的习惯，根据不同地域环境、气候温度的差异，帽子分冬春、夏秋两种。阿勒泰地区男子冬春季戴"吐马克"（三叶帽），其是用狐狸皮或羊羔皮制作的尖顶四棱形帽，顶上还饰有猫头鹰羽毛。夏季则用一块方形白布对折成三角后绑在头顶，类似陕北农民的头巾打法，不同的是哈萨克族的系法头顶是露在外面的。伊犁地区男子夏秋戴用薄白毡制作的翻边帽，帽的翻边用黑皮绒制作。还有一种穿戴最广不分季节的帽饰"塔合亚"，形似圆锥体，内缝狐皮或黑羊羔皮，外围绣饰图案，美观实用。

### 女装

哈萨克族的女装较男士服饰而言，款式、颜色更丰富。妇女爱着裙装，包括长裙、短裙、百褶裙、筒裙等，少女常穿下摆有三四层荷叶边的喇叭裙。喜用白、红、绿、浅蓝色的绸缎、花布、毛纺织品等作为连衣裙的制作原料，裙外穿坎肩、长外衣（"袷袢"）或短上衣，冬季时在外罩棉衣和棉大衣。传统的百褶裙、鹰羽圆帽、漂亮的大坎肩已成为哈萨克族女性服饰的象征。

帽饰上极其讲究，少女头戴"塔合亚"，帽边绣饰花纹头顶缀一簇猫头鹰的羽毛；出嫁时新娘头戴"沙吾克烈"（绣花尖头帽），顶部缀一簇猫头鹰的羽毛；中老年妇女头戴白色盖头，实际上是头套，从头顶贯下，遮住耳鬓，仅露面部，头巾垂直而下，长至腰部。头顶、两颊处绣饰图案，有的人会在额头缀上珠宝或流苏装饰。不同的部落绣饰图案不同，有绣饰花草图案或犄角纹图案。

猫头鹰被哈萨克人看作吉祥之物，也象征着勇敢和坚定。在头饰上装饰猫头鹰的羽毛，也作庇佑之意。

### 鞋靴

为适应生活环境的变化，哈萨克族人所穿的靴、鞋种类丰富，选料制作更为讲究。鞋品多为皮制，结实保暖，种类包括高简靴、短鞒皮靴、软皮靴、矮跟靴子、皮质套鞋等。靴鞒处大多绣有精美的图案，有的镶嵌宝石、金银片饰、珍珠等，鞋跟的高低根据不同的年龄来制作，男士靴子的鞋跟根据不同的工作需求来制作。

### ◆ 服饰色彩

哈萨克族长期生活的地区多四季分明，因而服饰色彩鲜艳，对比强烈。在哈萨克族传统观念中，崇尚白、蓝等颜色与民族古老的原始图腾、自然崇拜有关，白色被赋予圣洁美好的象征意义，蓝色是天空的颜色，象征着永恒和崇高。红色象征太阳、光明，黑色象征大地，绿色象征青春及生命。忌讳使用黄色，黄色被视为不祥。

◆ **服饰纹样**

角纹在哈萨克族的服饰纹样中始终占据着重要地位。服饰图案的运用与生活环境、宗教信仰、图腾意识和生活方式有关。人们将与其共栖息的动物或动物的一部分，抽象化为几何形式纹样，如羊角纹、鹰纹、天鹅纹、驼峰纹、驼掌纹等，具有强烈的民族特点。不同的部落对纹饰的运用也不同，在相互渗透后，哈萨克族图案也发生着变化，如将角纹与花草纹融合。服饰上的图案集中在领、袖、衣襟、裤边等位置。此外，不可将毡毯上的纹饰运用于服饰。

# 傣族服饰

傣族主要聚居在云南省南部和西部地区，在东南亚等国也有分布。傣族居住的地区炎热潮湿，所以服饰往往以轻薄简练方便为主，线条优美，装饰较少。

◆ **服饰种类**

**男装**

傣族男子服饰区别不大，一般以简单轻便为主。中青年男子上着无领对襟或大襟小袖短衫，下着长管裤，这种服装在耕作劳动时轻便舒适，天冷时则披毛毡。多用白布或青布包头。盛装或婚礼时以彩绸包头或戴毛呢礼帽。老年男子穿黑色或白色对襟短衫，下穿黑色大裆宽腿裤。

## 女装

### 傣泐型（水傣）服饰

傣泐型以西双版纳地区的傣族为主。青年妇女上穿丝绸或其他轻薄面料的无领大襟或对襟圆领衣，紧身窄袖，衣长仅刚过脐，多用红、绿、白、黄等色，下着长至脚面的筒裙，裙多为彩印花布或丝绸。头顶偏右处挽髻，髻上插金簪或彩色长梳，外裹有色花毛巾。瑞丽的傣泐妇女外出时肩挎"简帕"（花包），且喜带小花伞。

### 傣那型（旱傣）服饰

傣那型以德宏州的傣族为主。上穿白色或浅色大襟短衫，下着黑色长裤，婚后女子上着对襟短衫，下穿黑色筒裙。少女用红头绳结辫盘于头顶，再插饰物。婚后女性包白色或黑色头帕，帕内用硬纸衬后形成高筒帕。

芒市、剑川一带的傣那盛装，上为红色锦缎做成的镶边宽袖上衣，下着黄、红、蓝色的锦缎筒裙，边上绣彩色几何纹，黑宽裙边悬垂银须、银坠。头包红包头，上戴金银饰品。

### 花腰傣服饰

花腰傣以新平、元江的傣雅支系为主。花腰傣可细分为傣雅、傣仲、傣涨、傣洒等支系。花腰傣服饰华美绚丽，装饰重点集中在腰、胸、腹部，故有"花腰傣"的美称。

傣雅服饰。女子内穿长仅至胸下的花边紧身短背心，多为黑色土布制作，外罩黑色无扣对襟短衫，窄袖，长度比内衣还要短，衣领、下摆、袖口处有刺绣和银泡。下着一长一短两条黑色筒裙，里层至脚踝，外层至小腿，穿时左侧上提形成斜边效果。裙外围三条围腰，腰系织花腰带、银腰带和三角形腰带，缠裹腿。头部主要饰物为镶有银泡的头帕，外出或节日戴斗笠。外出时秧箩不离身。

傣仲又称"大头花腰傣"。傣仲女子上穿红缎对襟无扣短衣，短衣下摆、领襟处用刺绣和银泡装饰，袖口镶绿缎，用黑条将红、绿二色隔断。内穿黑色有银泡和银须链的背心。下穿两条筒裙，系一条围裙，饰红、黄、蓝彩条，捆扎裙腰也将左侧提上 10 厘米，形成斜线。两条裙等长，穿外面裙时将其下摆折上，露出里面裙摆的花纹。腰缠多层腰带，戴秧箩。头戴用假发做成的圆盘，其四周饰有银花和银泡，上罩黑纱，缠多层黑帕，侧面戴挑花和银泡装饰的饰带，再包帕端饰有彩条和红穗的黑头帕，形成大包头。外出多打花伞。

傣涨服饰多用挑绣，制作时用红线挑出框架，再点缀少量的亮色。全身以黑、红色为主，点缀少量的白色和银泡。用黑帕包头，帕端绣精美的花边，用红、绿丝线编成 10 厘米长的流苏，缠头帕时流苏垂于左肩。

傣洒少女上穿织锦拼接的对襟短衫，露出里面的银饰背心。髻挽于脑后，插银花并缠上缀满银泡、挂有银链和响铃的饰带，再将竹笠拴于髻上，傣洒的竹笠尖且深，笠帽后插孔雀尾翎。元江流域的花腰傣上穿黑色无扣对襟短衣，襟边饰白布，下着黑色筒裙。包黑头帕，上缀有大量银泡，里面用一个架子支撑的很高，再用绣花带固定。

西双版纳地区的花腰傣妇女服饰与傣雅服饰接近，外衣仅 10 余厘米，露出里面饰满银泡和花边的背心，下穿黑筒裙，裙摆镶饰花边彩条，外系齐膝短围腰。头部用数米长的银链缠头。

### 傣喇型服饰

傣喇型以元江地区傣喇支系为主。上着无领左衽长衣，衣身和袖摆宽大，下摆长至大腿中部，袖口及襟边饰以傣锦。下着青蓝色长裤，戴金耳环、银手镯。青年妇女长发挽髻于头顶，发髻上插四支银簪子，用一青布缠于髻下作为内包头，再以傣锦花巾或青布缠在上面。

元江养马河的傣族妇女上着无领右衽大襟短衣，袖长至肘上，襟、袖和下摆均饰有大片银泡，下穿黑筒裙，打花绑腿。头部挽髻，包黑底红花头帕。

### 傣朗姆（黑傣）服饰

傣朗姆以云南马关的傣族为主。妇女以黑为美，服饰全身上下皆为黑色。上着右衽斜襟低领双层黑布夹衣，衣襟及领均钉银泡，领用红布，袖口用蓝、白布镶接，下着长至脚面的青布筒裙，裙边绣花或镶拼绿、蓝两条色布，腰系长方形围腰，围腰头用翠绿或深蓝色的织花缎装饰，两侧镶白底花边，再用黑围腰带束腰。头发用薄木支撑，梳成15厘米高的发器，再用浅蓝色头帕包成塔形，头帕上有银泡饰于额前，再将双层黑布用米汤浆固化后，将一端覆盖于高髻之顶，使之呈"人"字形，俗称"两分水瓦"，另一端垂至脑后。

### 鞋靴

傣族男女一般赤足，与内地杂居后渐渐开始穿鞋。

### ◆ 服饰色彩

傣族尚黑、尚白，服饰以黑、白两色为主，黄、红、绿等色作为点缀。黄色为僧侣所用颜色，在很多场合一般人不可用。

◆ **服饰纹样**

傣族人崇拜龙蛇，男子腿上常纹花纹，以示自己是龙蛇子孙。傣族妇女身上的菱形和三角形纹，也来源于蛇身上的纹路。傣锦是傣族闻名的工艺，傣锦上的图案繁多，有孔雀、大象等代表吉祥的动物，还有植物纹、几何纹，如回纹、万字纹、勾纹、八瓣花纹等。

# 黎族服饰

黎族主要分布在海南省中南部。

◆ **服饰种类**

## 男子服饰

黎族男子旧时有留长发的习俗，以留发长短而分出"大鬃黎""小鬃黎"。大鬃黎发绾椎髻，老年者绾髻于额前，饰以银簪。成年男子缠长帕或以锦带勒于额，并饰以锦鸡尾羽。男子上身多穿本白色麻布或黑色麻布制成的对襟无扣上衣，后摆下缘留穗，前襟下摆无穗，呈圆弧形。领边、袖口、衩处均用黑色布绲边。下身旧时穿着较为简单，《海南岛志》记载："以一方掩下体，以带束其前后，系于腰间，称为小裹，亦有前后两幅布的吊檐。"吊檐是用两幅白布组成的上为梯形、下为长方形、边有花纹的下装，上系腰部，下垂至膝而遮住下身的前后。现黎族男子多着汉装，在节日盛装时用红布或黑布缠头。

## 妇女服饰

### 侾（哈）黎服饰

妇女穿前襟长后襟短的对襟无领黑上衣，色彩艳丽，纹样古朴，门襟两边至下摆均绣有红、蓝、白等色的折线或菱形花纹，用铜钱作扣；衣背纹样独特，正中用红布镶白边的条纹将衣服分成左右对称的两半，两肩至腋下用红、白布条装饰，盘肩处装饰红条纹，后背下方有两组图案，为树形纹和人骑马纹，树有交错盘结的根和蛙纹，代表祖先崇拜；前襟下摆系流苏、铜铃和草珠。下穿织锦筒裙，筒裙分为长至膝下的筒裙和短至膝上的筒裙。山区多穿短筒裙，色彩艳丽，图案内容丰富。靠近沿海及交通沿线的侾黎妇女多着长筒裙，裙上花纹集中于下摆，以横条纹、水波纹为主。

妇女挽髻后包上两端有花纹的黑色头帕，乐东的妇女头帕包缠后，长帕两端垂于后脑，上面有大段的彩色几何纹，并缀有长穗、铜铃和铜钱，走路时叮当有声。东方地区的悼黎妇女头帕稍短，黑色头帕携着美丽的几何纹，帕端也有长穗，包在头上犹如尖帽，帕尾自然垂于后背。部分地区将花头帕顶在头上，帕端的流苏垂于头两侧。

妇女以戴大耳环著称，从成年起每增一岁就要增加一对耳环，每只重约 50 克，年长的妇女耳环重达 5000 多克，史籍称黎族人为"儋耳"。

杞黎（岐黎）服饰

杞黎妇女服饰最为华丽，上衣为黑色长袖对襟短衣，袖口、肩臂处镶饰有红白相间的布条，领襟下摆均绲白边。对襟缝有金属扣作装饰，右襟下摆镶饰有一正方形片，上锈十字纹和万字纹，内着饰有红色黎锦的菱形胸褂衣。上衣后背满花纹，后背下半部有菱形骨架的变形蛙纹（祖公纹），上半部是由蛙纹、树纹组成的圆弧形图案上臂也有图案。下着黑色花筒裙，杞黎筒裙图案布局不同一般，既有粗细不同的横条纹，又有一大段竖条图案，色彩艳丽，红色调中点缀少量的绿色，对比强烈。有的筒裙上段为条纹布，下段为精美的织锦，多织蛙纹、人形纹和鸟纹。杞黎妇女头多包黑色花带穗头帕，帕端绣五彩几何纹，缠在头上，穗子自然垂于右侧，有的则搭在头顶，琼中的杞黎妇女则以绣花带缠头。颈饰多个银圈。

**润黎（本地黎）服饰**

润黎服饰保留了原始先民贯头衣的古老形制，上衣为宽松的青黑色贯头衣，领口用黑白珠串镶饰或绲红边，在袖口、两衩和下摆处用双面的方法绣成大片黄红色调的纹饰，图案多为蛙纹、龙纹、祖公纹、人形纹。以龙纹和祖公纹组成的图案，体现了黎族图腾的崇拜，是氏族标志的遗存。妇女下穿紧身超短织锦筒裙，有的短裙长仅 20 余厘米。织锦材料除棉、麻、丝线以及银线外，还将鸡毛绒织在内，使质地和色彩变得丰富。图案内容有蛙纹、舞人纹、马鹿纹、房屋纹等百余种图案。妇女挽髻于脑后，髻上插精致的人头形骨簪，蓝色或黑色长帕缠头成盘状，露出发髻、骨簪。头帕端饰有红色丝穗，常用线系兽骨为颈饰。

**美孚黎服饰**

美孚黎服饰很有特色，尤其是精致的扎染织锦筒裙。美孚黎妇女上身着无领、窄长袖、对襟、无扣黑色短衣，用黑线结扣，领口以红白线锁成方形翻领，或镶一长条红布以示领口。腋下两侧开高衩，露出腰部。从腋下至摆及袖口绲白边，下摆换成红色。有的地区衣背中间有一条成横道的花纹。下穿华丽的织花、扎染长筒裙。筒裙由一大段色彩艳丽的织花构成主要纹样，下面采用扎染经线后再织出纹样的黎锦制成，扎染花纹隐约含蓄，与五彩斑斓的大段彩色织锦形成对比。不同地区美孚黎扎染织锦图案不完全相同，东方市东河镇的纹样大多为蛙纹、马鹿纹。

**赛黎服饰**

赛黎妇女上衣被称为"包胸大襟"，是长袖短衫，多为浅蓝、淡绿、粉红等色。襟边、下摆、领、袖口处均用红、白两色布绲边，下穿长至小腿的长筒裙，筒裙花纹主要集中在裙腰和裙摆，其他部位多为横条纹，也有在筒裙的主要部位织蛙纹和人形纹。

赛黎妇女喜用椰子油梳理头发。已婚妇女在后脑挽髻，并插上扇形银饰，盛装时还要插上 1～3 对银钗，钗坠银链、银鱼和银铃再缠上织花头巾，并露出发髻与头饰。头巾以黑为主，用红、紫、绿等色线和金银线织出花纹。戴小耳环、颈圈，胸前挂银牌、银链和银铃。

◆ **服饰色彩**

黎族服饰色彩均以黑为主，黎族人以黑为贵，并且视黑色为避邪之色。上衣下裳多以黑色为主，再点缀缤纷的色彩。各地区搭配、点缀的色彩又有不同，沿海或接近交通沿线的地区，如三亚、陵水、保亭、东方一带的黎族妇女服饰色彩以素雅为主，具有华而不俗、素而不简的特点。琼中、五指山、白沙、乐东靠近山区和腹地的黎族喜用浓郁、艳丽的色彩，在黑底色上加大红、中黄、翠绿等色，对比强烈。

◆ **服饰纹样**

黎族服饰纹样有 100 多种，其中以龙蛇纹、人形纹、蛙纹、鸟纹、马鹿纹、狗纹等纹样为多。

# 傈僳族服饰

傈僳族主要聚居在云南省，少部分在四川省。

◆ **服饰种类**

**男装**

傈僳族男子上穿白麻布条纹长衫，下穿长裤，腰系箛氇。包头是用宽约 45 厘米、长约 8 米的蓝色布包裹在藤编的篱笆托上制成，被称为"篱笆花包头"，外形厚重。这种头饰代表了傈僳族男子的英武气概。也有人戴瓜皮小帽，或不戴帽而蓄一缕发辫于脑后。男子尚武尚勇，多在腰部佩戴短刀箭袋。男女都要在小腿上佩戴藤篾漆箍，少则几十条，多则上百条，戴在小腿之上膝关节之下。

**女装**

傈僳族妇女服饰因服饰颜色的差异而被称为白傈僳、黑傈僳、花傈僳。其服装款式分为两类：一种是上着短衣下穿裙子；另一种是下着长裤，裤子外系围腰。傈僳族人将妇女的短衣称为"皮度"，其长及腰间，对襟圆领，无扣。平时衣襟敞开，天冷时用手掩住或用项珠、贝饰压住。

白傈僳和黑傈僳普遍穿右衽上衣，麻布长裙。年轻姑娘喜用缀有小海贝的红绒线系辫。已婚妇女耳戴长可垂肩的大铜环。黑傈僳妇女上穿右衽黑衣，下着黑长裤，外套红坎肩，系黑围裙，包黑头巾，缠白贝头带，戴多串料珠、玛瑙珠和"黑底"胸饰。

白傈僳妇女穿白色的衣裙，下着白色有条纹的拖地百褶裙，由麻布做成，系红色腰带，外套红色或黑色右衽坎肩，胸前戴珊瑚和料珠，斜披海贝肩带。头戴"欧楞帽","欧楞帽"用白贝壳、料珠缀成网状，戴在头顶，有的还用珊瑚珠和小铜铃相配。未婚女子将辫子盘于珠帽之上，已婚妇女将发辫垂在珠帽下边。

花傈僳服饰鲜艳，头巾、衣裙上均刺绣、补绣多种花纹，裙长及地。花傈僳因地区不同而在头饰和服装上也有不少区别。

### 鞋靴

根据文献记载，傈僳族人多跣足，这与其山间攀爬的生活环境有关。鞋种类不多，傈僳族男子大多穿自家编织的草鞋或麻线编织的麻草鞋，还有一种以竹子搓成麻线做成的竹麻草鞋，称为"竹尼马其"。花傈僳有一种脚套，当地称"吊筒"。女子脚套为圆筒状，黑棉布为底，饰红、绿、蓝色绸缎装饰。男子脚套为白棉布制作，可在上下两端黑色布绲边，也可以在吊筒上刺绣图案。穿时均将吊筒套在小腿上端用布带系紧。

### ◆ 服饰色彩

傈僳族人崇尚太阳，向往光明，其服饰以黑、白基调为主，黑色代表沉稳坚韧，白色则代表宽容乐观。

### ◆ 服饰纹样

傈僳族服饰中常用一种阶梯状的花纹3～5个，装饰在围腰上，寓意着傈僳族历史上的大迁移。傈僳族人有一种系在腰上的飘带，上有平行四边形图案，斜角顶端各有数十根彩色布条做成的穗子，这种飘带在当地称作"龙尾巴"。他们崇拜日月星辰、山川河流、鱼兽鸟虫，也将其作为图案穿戴在身上。

# 佤族服饰

佤族分布于云南省西南部。

◆ **服饰种类**

**男装**

佤族服装强调自然大方，很少刻意装饰。男子服饰与其粗犷豪放的性格一样，朴实自然。上身着坎肩无领黑色短马褂，有时黑上衣内要多穿一件白衬衫，下身穿大裤裆宽裤腿黑棉裤，裤子短而宽，小腿上缠绕绑腿，脚穿草鞋或赤足。青年男子喜爱装饰品，颈戴银制项圈一个，或竹藤项圈三四个，左耳穿孔戴大圆耳环，手腕戴银手镯、银链。外出时一般身配长刀，旧时用来自卫或捕猎，现多用于干活和装饰。头缠包头是佤族人的特色，认为缠得越高越美丽。红包头更是象征着神圣、尊贵和智慧。在头正前方要留出布头，打结成牛角形，又称"英雄结"。红、黑包头在佩戴上有严格区分，一般在当地有地位、有影响的人才能戴红包头，一般人只能佩戴其他颜色包头。

**女装**

相较于男性服饰，佤族女装保留了更多的民族传统风格。上着贯头式紧身对襟无袖短上衣，喜欢外露肚脐，常选用红、黑两色棉布自制而成。下着自织自染的棉质或麻质过膝长筒裙，常以红色为底，间有黑、白、蓝、黄条纹。腰上系有用象牙和料珠串缀成的腰带。筒裙上最具含义的是中间的一块，它是妇女们竞相展示织绣手艺的地方，上面织绣的图案花样繁多，非常丰富。佤族妇女身上的饰品种类繁多。耳悬银质大耳环，脖子上戴银质项圈和若干彩色料珠，再佩戴象骨或贝壳制成的项链。数脚圈是佤族妇女传统服饰的另一个鲜明标志。发箍是具有特色的头饰。少女喜欢留一头黑色长发，常常散发披肩后，头顶戴一个半弧形银制头箍。老年妇女盘发于头上，有的缠包头。妇女的包头比男子的大些，包头上装有两个彩色绣球，中年妇女喜将发辫盘卷于头上，头顶装饰小绣球。也有女子将长发用额头上的头箍绳束起，显得干净利落。

**鞋靴**

佤族人大都赤足或是穿草鞋。男女皆在小腿处缠藤圈数围。

◆ **服饰色彩**

佤族服饰尚红、黑两色。佤族的传统观点认为，红色是天空的颜色，黑色又与大地同色，天和地融为一体，象征着和平、吉祥。从整体上看，佤族的服装以黑色为主要基调，但不仅仅满足于单调的黑色，他们还会运用其他颜色加以点缀或陪衬。如黑外衣里内搭白衬衣，配银纽扣等。

◆ **服饰纹样**

佤族服饰上的纹样多为抽象纹样，且多分布在衣缘和下裙处，其中裙身图案多样，是由各种颜色组合成的几何图案，裙边织有红、黄、蓝等颜色组成的花边。图案近看交叉起伏，远看像鱼鳞、龙纹。在佤族的服饰中有一种专用的"阿曼"服饰，只有佤族的尊者才能穿着，衣服上饰有太阳、月亮、星星、双龙和牛头。双龙含红日要绣在内衣上，不可外借他人。太阳、月亮、蜥蜴等是其神话与宗教中崇拜的图腾，在服装中也有所运用。佤族崇拜龙，妇女的"彩虹"头饰就是仿照龙的形状来设计的，其中，发辫是龙身，垂肩黑丝线是龙纹，五彩毛线就是龙身上的美丽花纹，绣球是"二龙戏珠"的"珠"。

# 畲族服饰

畲族主要分布在福建、浙江、广东、江西、安徽等省的部分地区。传统服装多以青、蓝色自织苎麻布为原料。

## ◆ 男子服饰

畲族男子多穿大襟，圆领青色麻布短衫或长衫，领口、袖口和襟边处饰花边，下着黑色长裤，冬天加穿没有裤腰的棉套裤。年老者用黑布缠头，着长衫，外套坎肩，系腰带。男子结婚礼服为青色长衫，祭祖时穿红色长衫。浙江丽水畲族男子冬天穿质地粗厚的蓝色布衣、短褐，夏天穿苎麻衣裤。景宁畲族不分寒暑，都穿麻布衣，男穿单夹。福建德化畲族男子则短衣阔袖，不巾不帽。

## ◆ 妇女服饰

畲族妇女服饰色彩多以青黑色为主，再用五彩色沿边点缀，形成多种变化。畲族由于居住地区不同，服饰样式也不一。福建、福安、宁德地区的畲族妇女上着黑色大襟衣，衣服上的花纹较少，只有高2厘米的衣领上有水红色、大绿色、黄色等马牙花纹。襟边镶饰一窄红布边，布边有马牙纹和花草纹。袖口镶饰4厘米宽的红边。下穿黑色长裤，脚穿方头黑布厚底鞋。腰系长30厘米的围裙，围裙用9厘米的红布做腰头。围裙上端两角绣有花纹。福安、宁德的发型为"高帽式"，将长发盘于头顶成圆筒状，高高隆起，饰以红头绳，形似凤头。

福建福鼎一带的妇女服饰比福安地区的还要讲究。黑色大襟上衣以桃红色的多层边饰，所绣花纹面积大，花朵也大。衣领高4厘米，上面密着花纹，领口处有两朵杨梅花或缀有红绒球。袖口处镶有红色和绿色的布条。姑娘的发型多采用红绒线编长辫，缠于头上，额前梳刘海，无特殊饰物。

福建霞浦地区的妇女服饰与上述两地相仿，袖口用蓝色布条镶饰，花纹更丰富多彩。其发型为头顶挽高髻。福建罗源、连江和宁德南部的妇女服饰特点鲜明。她们穿黑色斜襟上衣，其领沿至肩下均由镶饰的花边覆盖，花边色彩按红、黄、绿、红、蓝、红、黑、红、水绿的顺序排列，这种纹样称为柳条纹。袖口至肘部也由花边装饰，黑色的上衣仅在背部和上臂留有黑底色。腰系花围裙，腰上缠蓝印花布腰带。下穿黑色短裤，并打绑腿。

畲族妇女的盛装称为"凤凰装"，即为红头绳蕴孔的头昏高高地耸立头顶，象征凤冠；上衣和围裙上装饰各种彩色刺绣和花边，以大红、桃红和黄色为主，并点缀以金丝银线，象征凤凰的颈、腰和美丽的羽毛；全身佩挂叮当作响的银首饰，象征凤凰的鸣啭。

畲族姑娘与已婚妇女发式区别明显，少女一般将长发绾在头顶梳成螺髻或盘于头顶，额前留出刘海，两侧插有银笄。若已订婚，取下一支，发间束有红绒线。结婚时戴凤冠，凤冠是一种用竹壳做成的尖帽，上面饰有银牌、银铃、红布，插有珠串等饰物。佩戴时用带子束在发髻上，后面垂有4条长长的红飘带。凤冠前饰有小银人，额前下垂多串银链、珠串。罗源等地妇女的发式是畲族独特的"凤凰髻"，已婚妇女将长发束至脑后，用红绒线缠绕出长长的辫式，再弯至额前如同一把弓，盘绕成螺旋状的发髻。中老年妇女也梳凤凰髻，只是髻缠蓝色绒线。闽西南一带的成年妇女多梳"龙船髻"。畲族所戴的头巾冠帽之类较少，较常见的有竹笠、蓝布头巾、凤冠等，其中以女子婚嫁时所戴的凤冠最具特色。

畲族妇女平时脚穿草鞋和木屐，结婚或走亲访友时穿花鞋，为青布面鳞花，前钉鼻梁、扎红缨。

# 高山族服饰

高山族主要分布在台湾，其服饰因各族群所处地域、历史文化和风俗习惯的不同而不同。

◆ **服饰形制**

高山族服饰色彩明亮鲜艳，虽然对比色运用较多，但仍然协调和谐。泰雅人、赛夏人爱用红、黑、蓝、白诸色，后来又有紫、粉红、松绿等色；排湾人多以黑色和蓝、红等深色为主调，以松绿、橙红、黄色作装饰，点缀服饰图案大致可分几何形与写实纹两大类，几何形有菱纹、条纹、方格纹、折线纹、三角纹、十字纹和云头纹等，写实类服饰纹样有蛇纹、人头纹、人形纹、太阳纹、鹿纹等。

高山族饰物种类较多，主要有贝类、珍珠、玛瑙、玉珠、兽牙、兽皮、兽骨、羽毛、花卉、铜银制品、钱币、纽扣、竹管等。其中以戴在耳朵上的玉玦造型最为奇妙繁多，有环形、长方形、人兽形等。排湾和鲁凯人特有的琉璃珠是贵族祖传宝物，是佩戴者身份、地位和财富的象征。结婚时需有高贵漂亮的珠子作聘礼，才能显示其高贵的地位。排湾人和雅美人喜欢用自制的竹梳和竹篦，上部握柄雕成人头形、蛇形或鹿形等。

◆ **服饰色彩**

高山族各个族群在服饰色彩上有不同特点，大多以黑色和深色为主，如排湾人服色崇尚青黑色和深色，甚至把这些色彩规定为贵族的专用色，这与高山族以青蛇为图腾崇拜有关。

崇尚白色与部分高山族人的白石崇拜文化有关。泰雅、赛夏、鲁凯以及北部的阿美人均有崇尚白色的习俗，男子多着白麻布无袖上衣，白褐条纹裙子。盛装时则以白色为地，上面绘彩花纹。

# 拉祜族服饰

拉祜族主要分布在云南。其服饰既保留有游牧民族的特点，也有农耕文明的特征。由于长期与汉族、傣族、彝族等民族往来，所以部分地区服饰吸收其他民族服饰特征而发生了变化。

◆ **服饰种类**

**男装**

拉祜族男子上穿对襟短衣，也有穿无领右襟大衫的，布条代扣，或用铜扣、银扣，外套黑面白里坎肩，下着宽腿长裤。现年轻拉祜族男子多在对襟短衣外面配上一件黑面白里的褂子。由于古时狩猎的习惯，拉祜族男女曾均有"髡发"（剃光头）的习俗。只在头顶留一撮头发，称为"魂毛"。头戴黑色或蓝色瓜皮小帽，帽边镶一条蓝边，或用黑色长布裹头。喜佩刀，系腰带，部分成年男子还佩戴烟盒烟锅。

### 女装

拉祜族未婚妇女蓄发，婚后将头发剃光，髡发成为已婚妇女的特征。现很多妇女开始留发，但偏远山区仍保留有髡发习俗。服装配饰分为以下几种。

### 拉祜纳（黑拉祜）

拉祜纳女子穿黑色高领右衽长衫，又称"长尾巴衣"。长衫两侧开衩齐腰，遗留着游牧时齐腰高叉便于骑乘的服饰特点。襟边、开衩、袖口装饰有几何形图案或色布拼接出的三角形五彩图案。下穿黑色长裤，扎绑腿。头部包黑或白色头帕，长约5米，两端有彩色长穗，成年妇女包头一端垂至后腰。

### 拉祜西（黄拉祜）

拉祜西女子上穿对襟圆领紧袖黑色短衫，襟扣、袖口、下摆用银泡和红、黄、蓝色的彩条布镶饰。下着筒形长裙，裙上款式和色彩根据地区不同有所区别。云南双江景谷一带的拉祜西妇女服饰与傣族相近，穿黑色对襟紧袖短衣，上用红色线条分割，对襟和上臂饰以银泡。下穿黑色筒裙。拉祜西女子头戴圆形小帽，帽外缠有彩色头巾。

### 拉祜普（苦聪、白拉祜）

拉祜普女装与拉祜纳接近，着长衫长裤，但头饰区别很大。金平地区用竹篾染红编成头饰，缀以彩珠和璎珞，耳两边坠有珠串和红色线穗。新平已婚妇女包黑色包头，整体装束与当地的彝族相似。红河地区的拉祜普服饰与哈尼族相近，头戴银珠额带和红色竹藤发箍，两侧饰红缨穗，黑头帕上装饰红、白小绒球，绣红、白线。

### 鞋靴

拉祜族人旧时多赤足，或穿轻巧便于劳作的布鞋。

### ◆ 服饰色彩

黑、黄、白三色是拉祜族服饰中的重要色彩。拉祜族先祖以黑虎为图腾，所以拉祜族人以黑为美，衣尚黑色，服饰均以黑色为主打底，再装饰各种花边、图案和银泡，对比鲜明。他们也喜欢黑、白色相配的颜色。

### ◆ 服饰纹样

拉祜族服饰中的常见纹样有葫芦纹、犬齿纹等。刺绣常以二方连续纹为主，色彩艳丽，搭配对比强烈。

# 水族服饰

水族主要分布在贵州、广西、云南等省区的部分地区。由于分布较为分散，不同地区的水族服饰存在一定差异。

### ◆ 服饰种类

### 男装

水族男子服饰变化较大。在清朝强制改装前，老年水族男子上身着对襟布扣便服，节日庆典时着无领布扣长衫，长衫外再套马褂，腰间束布带，下身穿大裤脚长裤。脚穿轻便布鞋。天气热时头上多用短帕包头，或戴马尾帽，天气冷时用青色或白色长巾包头或戴锅驼帽。随着水族越来越多地和周边汉族进行文化及经济交流，服饰逐渐被汉化。青年男子除了一部分人还包头巾、穿黑色短对襟衣外，大多数人的服饰已同汉族青年无太大区别。

**女装**

水族女子服饰多喜用素色，常用颜色有蓝、青、绿、紫、黑等。服饰整体风格朴素大方。传统服饰是上身穿右衽大襟长衫，下着百褶裙，前后系长条腰巾，扎裹腿，穿翘尖鞋。现代女子上衣穿对襟短衫或长衫，衣袖宽松，配长裤，衣服上镶花边，系青色绣花长围腰，穿绣花鞋，用青布缠头。

**鞋靴**

儿童一般穿虎头鞋。妇女穿自制绣花鞋，鞋底为布制千层底，布面的头部为红色布料，鞋后跟为蓝色布料。青年妇女穿元宝盖绣花鞋，老年妇女穿尖钩马尾绣鞋。

◆ **服饰色彩**

水族服饰多喜用黑、白、靛蓝、青、紫等色，不喜欢大红、大黄等鲜艳热烈的颜色。

◆ **服饰纹样**

水族服饰纹样主要有当地的动物纹样、植物纹样、人物纹样和几何纹样等。

# 东乡族服饰

东乡族主要分布于甘肃临夏回族自治州境内洮河以西、大夏河以东和黄河以南的山麓地带，其余分别散居于甘肃其他地区及新疆。

## ◆ 服饰种类

### 男装

东乡族男子多戴平顶的无檐帽，有黑、白两色，上身着穿蓝色或白色对襟上衣，外套黑坎肩，下着裤齐至脚踝的黑色长裤，有的还套上黑色套裤。严寒时节披不挂面的羊皮袄，再系上粗布制成的腰带。喜在衣内戴围兜，两边装宽带，用时围在腹部，将带子系于腰间。冬季穿羊皮袄，不挂布面。旧时东乡男子常穿褐褂。日常生活中穿短褐褂，长褐褂则在走亲访友或上清真寺做礼拜时穿着。长袍与回族一样的称为"仲白"，用灰、黑或白色布料做成，对襟式，有小翻领，有的镶边，黑色镶灰边，灰色镶白边。穿仲白服给人以庄严、朴素之感。

### 女装

旧时妇女爱穿有领圈、大襟和宽袖的绣花衣服，袖口上镶一道花边。下穿套裤，裤管镶两道绣花边，裤管的后面开小叉，用飘带束住裤管。逢喜庆大事，穿绣花裙子。青年妇女穿红或绿色，上衣宽大，大襟在后，外加花边坎肩，花边装饰使坎肩既庄重又不显单调，配上盖头更有一种含蓄的美。长裤一直拖到脚面，裤管不算宽大。冬季穿棉袄裤，式样与单衣相同。严寒时节外套皮袄。

旧时妇女不戴盖头，只戴包头巾。因宗教信仰妇女的服饰逐渐变化。妇女必戴盖头，长至腰际，头发全被遮住，只露出脸。盖头大致分绿、黑、白3种颜色。少女和新婚妇女戴绿绸和绿缎子盖头；少妇和中年女子戴黑盖头；老年妇女戴白盖头，衣着都是藏青色或黑蓝色布衣。

### 鞋靴

东乡族男子旧时多穿布鞋、麻鞋、皮鞋。多为黑色素面。麻鞋用麻草编成，皮鞋用整张牛皮制成，样式粗犷。天冷时，装草末在鞋内，可以暖脚。旧时东乡族妇女普遍缠足，袜子都用黑布缝制。鞋子一般为蓝色、黑色，年轻妇女喜穿软底绣花鞋，鞋底、鞋面均绣有花草禽鸟；妇女也喜穿木底高跟鞋，跟高3～4厘米，用黑布包缝，这种木底鞋不仅在喜庆之日穿用，还是新娘出嫁时的嫁妆之一。

### ◆ 服饰色彩

东乡族崇尚白色，他们戴白帽和白面纱，穿白衣衫，朝觐时穿白戒衣，归真后裹白布。他们穿黑坎肩黑长裤戴黑盖头，与白衣衫相匹配，形成了对比鲜明的黑白服饰色彩。同时，东乡族还喜欢绿色和蓝色服饰，少女戴绿盖头，穿绿色裤子，老人穿蓝色上衣。

### ◆ 服饰纹样

东乡族服饰多为几何花纹，因宗教信仰，纹样的组织形式与色彩的运用都有着明显的伊斯兰教特征。服饰图案中没有人物、动物的形象，多为花卉和阿拉伯文字图案。

# 纳西族服饰

纳西族主要分布在云南、四川和西藏的部分地区。

◆ 服饰种类

**男装**

纳西族男子传统服饰一般比较简单，上身喜欢穿一排布扣的对襟衣，外面罩上厚实的羊皮坎肩，毛面朝外，皮面朝内，下身穿裤子，头戴头帕（俗称"搭头"），腰束布腰带。在平日里就穿汉式长布衫，戴羊皮毡帽。老人穿麻布制成的无领长衫，青布坎肩，系腰带。

少年梳发髻，成年后编发，将编发盘于头顶成髻，上下两个发髻，葫芦状，俗称"三搭头"。现纳西族男子蓄短发，头饰种类有毛毡帽子、包头布、瓜瓣式小帽。

**女装**

纳西族女子服装因地域不同略有差异，但大体比较相似，"厚重"是纳西族民族服饰的重要特色。女子上身一般穿腰身宽大的袍褂，多用蓝色或其他深色布缝制，外穿深色坎肩，下穿长裤，外围百褶围腰。传统的纳西族女子服饰上身穿的第一层为衬衣；第二层为夹层的大褂子，褂子的后摆直达小腿部；第三层为粗呢制造的坎肩外套；第四层是七星羊皮披肩。下身穿着裤子，外面穿用黑、白、蓝等色缝制而成的百褶围腰，长至膝盖。

"七星披肩"是当代纳西族妇女服饰的典型特征，有"肩挑日月，背负七星"的说法，不仅美观，而且具有实用功能。披肩的上半部分是一块约 30 厘米的黑色丝绒，下半部分是由长条羊皮并列缀在彩绣圆盘中心，镶嵌在白色的整块约 50 厘米无刺绣的羊皮中，这七片五彩的刺绣圆盘在当地被称为"优轭缪"。

纳西族妇女发型多是盘髻，以青布包头，有棱有角，称之为"布冠"。为防止中午强光照射，头上戴有一个半球形的头箍，上有加厚的衬布和加宽的遮阳片。

### 鞋靴

纳西族的鞋靴主要以布鞋为主，以绣花鞋最富有民族特色。传统纳西族男子穿自己制作的布鞋，女子穿船型绣花鞋。纳西族的绣花布鞋喜用大红宽沿口，鞋帮下多用彩线绣上生动艳丽的花鸟禽兽。

### ◆ 服饰色彩

纳西族崇尚黑色，服饰多以黑色以及相近的青色为主。玫红色代表母爱，作为嫁妆，表达母亲对女儿的寄情。纳西族服饰颜色受五行学说的影响，多用红、黄、蓝、白、黑五种颜色。同时，青、灰、白及暗红，多为当地天然的矿物质染料。

### ◆ 服饰纹样

纳西族服饰中的纹样种类繁多，大多取材于当地的自然环境或宗教传说，常见的有天地纹、凤凰纹、莲花纹、童子纹、水波纹、蝴蝶纹、鱼纹、蓝天白云、雪山、自然生物、寿纹等。

# 景颇族服饰

景颇族主要分布在云南省西部地区。

## ◆ 服饰种类

### 男装

景颇族男子上身喜欢穿白色或黑色圆领对襟短衣，通体不设置口袋，袖型为直筒窄袖。下身着裤，裤子一般为黑色，裤腿短而宽，裤口用红、白两色线绣花边，中老年男子裤口处不做刺绣装饰。装饰品中最具特色的是长刀、铜炮及筒帕。男子外出时佩戴长刀、携火枪、背挎包。男子亦有佩戴耳饰的习俗。

景颇族男子的包头是其服饰的一大特色，分为黑包头、白包头、卡苦包头等。青年男子喜爱裹洁白的包头，在包头布的一端装饰着彩色的绒球（红、黄、紫等色），挂在耳边格外的醒目，中年老人缠黑包头。

景颇族挎包多为毛织，大红做底，用绿、黄、黑等色织成纹样装饰。挎包又分为日常用和节庆用两种，日常用的挎包略做装饰，节庆用的挎包装饰丰富，盛装时挎包上缀有银饰，走起路来有响动，显示出刚健豪放的气质。

### 女装

景颇族未婚女子留长发盘辫，上身穿蓝或白色对襟银扣上衣，下身穿系绣花飘带红布裙。已婚妇女梳发髻，头缠包头，上身穿对襟或大襟短衣，多为黑色，下身穿用黑、红两色羊毛自织的筒裙，红色占大面积，筒裙上镶有用黄色线条组成的各种图案，是景颇族女子最具特色的服饰。腰间束腰带，围藤、竹、草编织的腰箍，腿上套花裤腿或藤圈。少女戴红色头帕，喜庆日子里穿黑绒上衣，已婚女子包黑头巾。盛装时的妇女上衣前后及肩上都缀有许多银泡、银片，银泡是景颇族女子特有的一种肩饰。颈上挂 7 个银项圈或一串银链子，耳朵上戴银耳筒，手戴银手镯。前齐眉、后齐颈的半球形是景颇族青年女子传统发饰的主要造型特征。

景颇族女子还喜爱佩戴用金、银、铜、珊瑚等材料制成的饰品，其类型丰富多彩，主要有项链、项圈、耳坠、耳环、耳棒、耳牌、手镯、戒指等。

### 鞋靴

鞋类较为简单，传统多为赤脚，现受汉族影响，鞋靴已与汉族无异。

### ◆ 服饰色彩

景颇族服饰颜色以黑、白、红三色为主调，黄、绿、蓝、棕、紫等颜色做搭配，色彩鲜艳，对比强烈，搭配和谐。

### ◆ 服饰纹样

景颇族服饰纹样种类繁多。这些纹样都与景颇族生活、生产有密切关系，主要有：①以动物昆虫为题材的纹样，如虎脚印、猫脚印、蚯蚓花等。②以植物为题材的纹样，如木棉花、斑色花、南瓜、南瓜藤等。③以自然现象为题材的纹样，如虹花、流水花等。以上纹样一般都用红、黑两色为基本色调，同时辅以黑蓝、大红、深红、柠檬黄、紫色、浅蓝、白色点缀，使整个纹样色调对比强烈，鲜艳夺目。

# 柯尔克孜族服饰

柯尔克孜族主要分布在新疆天山西部及帕米尔高原一带，其服饰带着浓郁的高原和游牧民族特色。

◆ **服饰种类**

**男装**

柯尔克孜族男子多着宽大结实的袍服，一年四季均戴帽，服饰及帽饰款式多样，如皮大衣、对襟长袍、坎肩、毡帽、皮帽等。男子的典型服饰为上穿白色圆领套头衬衫，领和胸部绣有花纹，下穿绣有花纹的长裤和高筒马靴或皮鞋。外穿衣长过膝的宽松长袍，长袍分冬、夏款式。冬天外穿羊皮、驼毛布或棉布做的对襟长袍"袷袢"，衣长至膝下，袖长至手腕，黑布缘边，并在襟摆处绣有花纹，腰间束皮带或者腰巾，脚蹬高靿马靴或皮鞋。夏季外穿金丝绒或灯芯绒的对襟无扣或立领有扣的短"袷袢"，领口绣饰花纹。"袷袢"多为蓝、黑色。青年男子的服饰与中老年的略有不同，衣襟袖口及裤口处都绣有花纹，中老年服饰上的纹饰较青年男子的素雅简单。另外，青年男子在夏季普遍喜爱穿着竖领、衣袖较短、对襟的短上衣"凯木塞勒"，其多为白色，竖领上和半短的袖口上均绣饰彩色花纹。

坎肩是柯尔克孜族男女老少均喜爱的服饰。不同年龄阶段的坎肩各有不同，青年男子的坎肩多为黑色或蓝色、咖啡色，多为夹衣，材料也有棉或皮质，胸前及边部绣有花纹。老年人穿的坎肩材质多为羊皮，外缝黑色布面，面上装饰甚少。

柯尔克孜族的服饰最具特色的是头饰和冠帽。男子多戴白色高顶毡帽"卡勒帕克",它亦是柯尔克孜族的标志,被奉为"圣帽"。将白色羊绒擀制成毡子,丝绸做里,帽檐表面为黑色丝绒,样式多为四棱平顶或圆尖顶。老年人的白毡帽不绣饰图案,不缀璎珞。中年男子的白毡帽顶部缀黑色璎珞,并在毡帽上绣有简洁图案。青年男子的白色毡帽顶部缀有璎珞,帽子上绣有鲜明的民族图案,美观精致。冬季戴圆形、平顶卷檐的皮帽"台别太依",夏天戴圆形小单帽"托普"。帽饰款式种类多样,形成了别具一格的柯尔克孜族帽饰文化。

## 女装

柯尔克孜族未婚女子头戴圆顶小花帽,身穿连衣裙、带褶长裙或不带褶长裙,裙外罩一件衣边绣有各种花纹图案、缀有银扣和铜钱的金丝绒坎肩,足蹬皮靴。已婚少妇喜爱穿颜色较为亮丽的上衣和裙子,扎头巾。中年妇女身穿蓝色、黑色对襟大衣,外披白色长头巾,发辫上系银质发饰。冬季时,里穿棉衣,外出罩大衣。

柯尔克孜族妇女帽饰多种多样。与男子相似,夏天戴圆形小单帽"托普",年轻女子的多为红、棕色,帽前沿缀有珠串、银链等饰品或在帽周沿绣饰花纹。老年妇女多戴暗色布帽,外裹头巾。新娘的帽饰为"伊丽切克",由金丝绒或红色平绒做面,用水獭皮、旱獭皮制成帽冠,呈大圆顶形,帽冠四周镶饰有串珠、金银饰片,或缀璎穗、羽毛。帽冠上还要再围多层头巾,使得帽冠上的饰品在头巾的包缠下若隐若现。中老年妇女头戴用白色丝绸或白色缠绕成的帽冠"伊丽切克",因缠绕方式不同,形成了极富民族特色的帽冠样式。

妇女佩戴的首饰、颈饰、胸饰与辫饰非常丰富。胸前佩戴玛瑙、串珠和金银饰品，在服饰上也会缀有配饰，外衣领口或坎肩前胸佩有银饰或金银纽扣钉缝成的花纹，象征富有和吉祥平安。

**鞋靴**

鞋靴多选便于骑行的样式，材质多为皮制。种类主要包括皮鞋、皮靴、高靿马靴、无跟平底软靴、毡靴等。这些鞋靴多用马皮、牛皮、牦牛皮、骆驼皮或羊毛毡制作，轻便暖和，耐穿实用，

◆ **服饰色彩**

柯尔克孜族服饰底色多为暗色，如蓝、黑，服饰纹样多为鲜明、艳丽的刺绣图案，如女子黑色坎肩，边部绣有颜色强烈的绣花图案，明显的反差凸显装饰成分。男女衣着均有刺绣图案，色彩多为黑底配红、黄、绿、白等色，对比强烈，色彩绚丽。

◆ **服饰纹样**

柯尔克孜族服饰中的纹样源于大自然中的植物、动物等，如石榴花、巴旦木、无花果、葡萄、莲花、忍冬、鹿角等纹样。

# 土族服饰

土族主要聚居在青海、甘肃的部分地区。

◆ **服饰种类**

**男装**

土族服饰色彩艳丽，厚重古朴。青年男子上身穿小领斜襟的长衫，

袖口镶有黑边，胸前镶有一块4寸（约13厘米）方块的彩色图案。还有穿绣花领白色短褂，天冷时在领子上衬以羊羔皮。腰系花头腰带，为一块4米长的窄幅蓝布或黑布，其两端缝上绣有花卉盘线图案的接头。下身穿蓝色或黑色大裆裤，系两头绣花的白色长裤带和花围肚。小腿扎"黑虎下山"的绑腿带，扎腿时把黑色的一边放在上边，故称"黑虎下山"。此又是青年男女表示爱情之信物。土族老年人冬季穿大领白板皮袄，领口、大襟、下摆袖口都镶着边。劳动时穿褐褂，式样为小圆领，大襟，配以蓝布、黑布沿边。所用褐子，由白色或杂色羊毛捻线自织而成。富裕人家的男子多穿绸袍及带有大襟的绸缎背心、马褂等。老年男子多戴礼帽，冬天戴皮帽，即用毛蓝布缝成喇叭口，喇叭口内缝以羊羔皮，可翻上或放下。

**女装**

土族妇女服饰较为丰富，包括鲜艳多彩的头饰、艳似彩虹的秀苏，花哨的腰带、裤裙等。土族妇女服饰有极具特色的"花袖衫"，土族语称为"秀苏"，是一种绣花小领斜襟长衫，双袖由红、橙、黄、蓝、白、绿、黑七色，或红、黄、绿、紫、蓝五色彩布或彩缎镶接而成，鲜艳夺目、美观大方，称为"七彩袖"或"五彩袖"。花袖的每种色彩都有寓意。花衫外套黑色、紫红色或蓝色大襟坎肩，腰系白、褐或蓝、绿腰带"普斜"。腰带两端绣有花鸟虫蝶、云头纹或盘线图案。蓝裤配黑色裤筒，黑裤配蓝色裤筒。未婚姑娘的"贴弯"为红色，长约33厘米，"贴弯"与裤腿之间镶饰白布条，使红色裤筒更为鲜明，并区别未婚、已婚妇女。若遇重大喜庆节日，青年女子的"贴弯"为上黑下灰各半，以示庄重。

老年妇女夏季上身穿小领、斜襟长衫，素色坎肩，白色的"木尔格普斯尔"，没有饰物的圆毡帽。冬季穿棉袍，"木尔格迭"、挂面的皮坎肩、"木尔格古褂子"等。"木尔格"即褐子。土族老年妇女服饰比较朴素，没有鲜艳的颜色和艳丽的饰物，显得稳重大方。

### 鞋靴

土族的鞋靴以布鞋为特色，男女老幼均喜穿绣花布鞋，颜色上，男鞋素雅，女鞋华丽。土族的布鞋主要为手工制作，做工精细，十分结实耐用。羌鞋是土族男鞋的统称，分为"双楞子鞋"和"福盖地鞋"。"双楞子鞋"鞋帮前后绣胡麻花和云纹盘线，缝合时突起两道榜，"福盖地鞋"鞋帮缝合后，将"福盖地"贴在鞋头部固定，以盖住整个鞋头。土族妇女的鞋有"仄子花鞋""花云子鞋""腰鞋"等。鞋面上用彩色丝线绣成各种花卉，鞋尖饰彩色短穗，鞋后跟接三指大小的红布溜跟即成。

### ◆ 服饰色彩

土族服饰中，女性服饰色彩艳丽，充满了崇尚自然之美；男性服饰以黑色为主，内敛大气。土族有崇拜彩虹的习俗，彩虹色彩被运用在传统图案的方方面面。如土族妇女服饰的七彩袖，黑色象征土地、绿色象征青苗、黄色象征麦垛、白色象征甘露、蓝色象征蓝天、橙色象征光芒、红色象征太阳。

### ◆ 服饰纹样

土族服饰中的纹样以"太阳花"为代表，体现了土族人对自然和太阳的崇拜。受到周围汉、藏等民族的影响，"万"字纹与莲花纹也融入土族传统图案中。此外，土族服饰常以生活中的常见物作为纹样题材，如牡丹、莲花、葡萄、蝴蝶、太阳花等。

# 达斡尔族服饰

达斡尔族原生活在大兴安岭与嫩江流域，现主要聚居于内蒙古自治区莫力达瓦旗、鄂温克旗，黑龙江省齐齐哈尔市郊以及新疆的塔城等地。其标志性服饰是狍皮帽等皮制品服饰。

◆ 服装种类

**男装**

达斡尔族男装多以皮毛为材料，由于各地区生产方式不同，服装使用的皮料也不相同。布特哈地区的达斡尔族人早期从事狩猎业，衣料以狍皮为主。海拉尔地区多从事牧业，衣料以羊皮为主。齐齐哈尔地区则两者兼有。

达斡尔族男子服饰主要有"德力""哈日米""嘎嘎日""库日特"。"德力"为过膝的皮大衣，系铜扣或布条编结成扣，右侧和前后均开衩。"哈日米"款式与"德力"大致相同，但衣长不过膝。长袍亦为达斡尔族男子常穿着的服装，一般用蓝色的棉布或绸缎制作，有领、大襟或对襟。夏季单袍为"嘎嘎日"，冬季穿的棉袍称"库日特"。男子冬季打猎时穿皮袍，外常套皮马褂，穿皮裤，戴皮帽，穿皮靴，夏天则有用白布包头的习惯。

袍外要束腰带、佩烟具。一般缠黑色布带，年轻人的腰带色彩较鲜艳。老年男子多穿传统服饰，系咖啡色腰带，腰带上佩挂烟荷包和有鞘的猎人刀。节庆活动时还要戴帽。平时戴皮革制成的圆顶帽，冬季则戴狐、貉皮做的圆顶大耳帽，达斡尔人的狍皮帽制作得非常逼真，不仅具有防护作用，而且还有很好的伪装作用。

"博力"为达斡尔族民间使用的毛皮手套，有带腰手闷、五指手套、儿童手闷3种。

### 女装

达斡尔族女子穿布制长袍，立领、右衽、大襟，以棉布或绸缎为料，夏天穿单袍，冬季穿棉袍。下摆较宽，不开衩，有时外面也要穿坎肩。穿时亦不束腰带，服色与花纹按年龄不同而有所区别。老年妇女长袍以蓝、灰色居多，外套黑缎上衣或坎肩。青年妇女长袍色彩鲜艳，并镶或宽或窄的条子，做工颇为讲究。平时多穿布袍，庆典节日或外出时穿绸缎长袍，外套细布面的灰鼠皮、山猫皮坎肩。

达斡尔族少女梳齐耳短发，前额刘海齐眉；出嫁后，头发向后梳；40岁以后发向后盘髻；五六十岁后发髻便盘于头顶正中，罩黑色纱网，用簪子卡住。清代达斡尔族妇女服装如满族妇女，头发梳成"两把头"，在发髻上戴发冠，又称"旗头"。

春夏两季，青年妇女多戴绣花平顶帽，老年妇女戴平顶圆帽，装饰图案朴素大方。冬季戴里外皆毛的皮质平顶圆帽。夏季劳作时多以白毛巾包头，老年妇女也戴帽箍，多为黑色，额前饰有珠玉宝石，头顶的发髻上插银簪或金钗等饰品。

达斡尔族女子精于刺绣，各种精美纹样的荷包和绣花鞋具有浓郁的民族气息。

### 鞋靴

达斡尔族人在走亲、访友、狩猎时都喜穿着狍皮靴，俗称"奇卡迷"。男女均可穿。它采用狍腿皮制作，狍前腿皮毛色美丽，用作靴帮，后腿皮作靴面，拼接时按毛色纹理搭配。靴底用耐磨的狍脖皮、鹿颈皮或牛脊皮。皮靴轻巧、美观、暖和，走在冰雪上轻而无声、不打滑。"奥洛奇"是达斡尔族男子春、夏、秋三季所穿的布腰布底或皮底的短腰软靴。以白布做靴腰，腰口装饰黑边。左右腰上多有补花装饰，补花图案以古钱纹、蝴蝶纹居多，其造型与契丹短腰靴造型相似。"德热特莫勒"是早期达斡尔族男子冬季穿的一种高筒靴。"毛勒格"为棉鞋，轻便舒适，适合老年人日常穿用。

绣花鞋是达斡尔族妇女喜爱穿着的鞋子类型，鞋面上有精美的刺绣花纹。

### ◆ 服饰色彩

达斡尔族妇女喜着青色服饰是承袭辽代妇女的"垂青"之俗。长袍以蓝、灰色居多，青年妇女长袍色彩鲜艳，喜用鸭蛋青、浅蓝、天蓝、浅紫等颜色，年龄越大颜色越深。男子服饰也以蓝色为主，缠黑色布带，年轻人多缠彩色腰带。

### ◆ 服饰纹样

达斡尔族男子服饰上的装饰图案非常具有民族特色。在皮袍的边沿、衩口，皮套裤膝上，烟荷包口，手套背部，四喜帽的顶部等都有精美的刺绣图案。

达斡尔族女子善于在荷包、枕头上装饰刺绣，图案题材丰富，技法精美。题材主要取材于达斡尔族及满、汉等族的民间故事，图案涉及吉祥图案、风景图案、松鹤同春、亭台楼阁、三顾茅庐故事、花卉蝴蝶等。在技法上树干、树叶等为平绣；山石等多用折叠绣，使其凹凸的层次感产生浮雕效果；人物和动物则多使用堆绣，再补以其他针法显出层次感。

# 仫佬族服饰

仫佬族分布在广西中北部的部分地区。

## ◆ 男子服饰

仫佬族男子旧时多穿大襟衣，后逐渐改穿黑色对襟衣，并由"九扣两袋"（一颗领扣，四排双扣及下襟两袋）演变为"七扣四袋"（七颗单扣，上襟增加两袋）。下穿黑色长裤，袖和裤都较窄，其服装给人简朴、精干之美。老年男子外出时穿大襟长衫、琵琶上衣，俗称"木桶盖"；用蓝色头巾包头。老年人戴硬沿平顶"碗帽"，青壮年头扎头巾。其古老而传统的缠头方式很别致，采用缠、翻、裹的方法，使头巾产生丰富的效果。

## ◆ 女子服饰

仫佬族妇女着大襟、右衽、窄袖、有领的黑上衣，襟边、袖口镶蓝色的宽边和两条细边，袖口上端再镶 1 ～ 2 条窄花边，成为服装上最醒目之处。下穿黑色长裤，裤脚镶有一宽一窄的蓝边，与上衣相呼应。老年妇女腰系青色围裙，裙边抽纱编织成网状花边。

少女 16 岁后作髻，并梳"挂式"发型。其头发分成前、后、左、中、右五簇，前簇偏于脑前，头发较短且少，剪齐披覆额头，称为"短挂"；中簇偏后脑，留有杯口大的头发二束，结成缕，盘绕结成椭圆形的发髻于后脑；左右两簇和后二簇自然垂挂，左挂、右挂的头发分别覆盖在两颊，发梢垂于胸前，后挂头发披于后背。出嫁时除了前面的短挂保留原状，两侧头发散垂于两颊，后脑梳成一髻；有的则把头发均挽脑后，称"巴巴髻"；左右两挂头发梳成"鲤鱼腮"，代表已婚但暂不到夫家的新媳妇。生小孩后可以让丈夫和别人看清自己面容，才将两侧头发梳起，与后髻绞结。

女子婚服以简略、朴素为美，并且以青黑色为服装主色，只有伴娘的衣领、底摆、袖口处有花纹。但新娘所穿的鞋特别讲究，过门这一天要换三双鞋。从娘家出门时穿双新鞋，到新郎家的村口时又要给新娘换双新鞋，到新郎家大门时再换一双白底新布鞋，表示新娘从诞生到出嫁都心地洁白、贞洁无瑕。

### ◆ 增寿衣

仫佬族人到了50岁就要做增寿衣，又称防老衣。择吉日，请村寨中有名望的裁缝主持"开剪"仪式。衣服样式为男性穿长袖对襟上衣，宽脚宽腰长裤。女性穿绲边宽袍宽袖满襟衫，宽脚宽腰长裤。做防老衣的同时，男性还要做一条黑布包头；女性做一条花围裙，围裙的系带织有各种花纹图案，围裙下边结有各种网状图形。

### ◆ 蓝靛布衣

蓝靛布作为衣料，仫佬人称其为"家布"。每匹布通常长约6.7米，宽37～43厘米。将布用清水洗干净、晒干，然后投入蓝靛染缸，经过

30天左右的反复染晒，使蓝靛色彩分布均匀，再用薯莨的汁水浸泡多次。布匹经薯莨的汁水浸泡后晒干，颜色呈青蓝并带有紫红色。之后再用米汤、牛胶糊在布面上，经过阳光暴晒，使染色胶结黏固，布质硬括。最后一道工序是用踩布石反复辗滚。

### ◆ 鞋靴

仫佬族未婚男女赶圩、走坡多穿"草鞋"，草鞋并不是草编的。男子穿的草鞋用布底白棉线编织鞋帮，女子穿的用彩丝编织鞋帮，鞋前端饰有大绒球。走坡定情时，姑娘要亲手缝制一双蓝帮白底的"同年鞋"作为对男方送礼的回赠。"同年鞋"是用多层白布做鞋底，用白线针针扎紧，象征情长意浓，具有特殊意义。妇女还善做尖尖鞋、云头鞋、猫头鞋、单梁鞋、双梁鞋等。其中以尖尖鞋最精美，小巧的鞋尖上用彩色丝线绣上花、鸟、虫、蝶等图案，黑底上的花纹多为蓝、绿色，仅用少量的红、黄色点缀蝴蝶和花苞，使尖尖鞋显出清新、雅致的美。

# 羌族服饰

羌族主要分布在四川省西北岷江上游地区。

### ◆ 服饰种类

#### 男装

羌族男子服饰较为统一，一般上身穿蓝布长衫，长衫外披羊皮坎肩或布褂，下穿长裤，小腿处用麻布打裹腿，头包黑色或白色头帕，腰系裹肚和腰带。羊皮坎肩是羌族特色传统服饰，四季可穿，无领、无袖、无扣，四周露出羊毛，俗称"皮褂褂"。男子服饰品有缠头帕、毡帽、皮裘帽、羊皮褂、绑腿、毡褂子、毛织腰带、裹肚、吊刀、火镰等。男子多蓄发，梳成辫子，绕髻于脑后。盛装时羌族男子系彩色通袋或子弹袋，其两头有正方形的绣花或挑花图案，捆于腰间并在背后打结。裹肚是羌族男子盛装时必佩戴的服饰，它是一款倒三角形或梯形布料，一般为黑色或蓝色，正面为饰花。

裹绑腿是缠在裤子外边的小腿部分的布条，这是生活在高山地区的民族都有的习惯，可以防潮保暖、避免蛇虫咬伤和在山路上被石块划伤，男女皆可穿着。现裹绑腿者多为年长者，年轻人几乎没有。

### 女装

传统的羌族女装整体较为朴素。中原袍服的传入对羌族服饰产生了极大影响。近代羌族服饰基本上承袭了袍服之制，多穿左襟大、右襟小的羌袍，袍为直筒，皆系腰带。服饰面料以皮裘、毛、麻织品为主。羌族妇女喜欢穿有花边的衣衫，衣领及袖口上镶排梅花形银饰，衣长及脚踝。服饰品有缠头帕、毡帽、皮裘帽、羊皮褂、绑腿等。在相同的服装结构基础上，不同地域的羌族服饰又呈现出不同的特点。

围腰是羌族女子服饰，有半襟和满襟两种，多用深蓝色或黑色布料。女子还喜欢戴特大的银质饰品，如银簪、耳环、领花、银牌、项圈等，也有用玉或珊瑚制成的。

羌族男女皆缠头帕，女子喜缠青色、白色头帕，或于头顶置瓦状的青布一叠，然后以两条发辫缠绕其上作髻。地区不同，羌族妇女头饰有一定差异，大致可分为四头方巾或三头方巾。

## 鞋靴

鞋靴在羌族服饰文化中占有重要地位，羌鞋种类较多，独具特色，体现着羌族独特的文化。未婚男子和姑娘穿绣花鞋。已婚男女穿云云鞋、尖尖鞋、包包鞋、草鞋。中老年人穿素色圆口布鞋。其中云云鞋独具特色，其鞋尖微翘，状似小船，由于其鞋面绣有彩色云纹、水纹等图案，故而得名。在当代，云云鞋已成为羌族节日盛装的一部分，只有在重大节日时才穿着。

## ◆ 服饰色彩

传统羌族女子服饰比较朴素，以蓝、黑二色为主，现在的羌族色彩更为丰富，以红、蓝、黑为主色调，再以对比色加以点缀，使服装色彩更为丰富。羌族男子服饰色彩以黑、白、蓝为主色调。

## ◆ 服饰纹样

羌族刺绣和挑绣图案的题材造型、组合形式、构图排列等受到物质材料和文化内涵等多种因素的影响，形成了其纹样独有的艺术特征。常有纹饰有曲线、折线、涡线、波线、浪线、雷纹、S纹、K纹、万字纹、云头、回纹、米字纹、方胜纹，最常用的有米字纹、云头纹、卷草纹等。

羌族服饰纹样多反映现实生活中的自然景象。如羌族人常常把周围环境中出现的动植物绣在服饰上，如植物中的牡丹、梅花等，动物中的蝴蝶、喜鹊、羊等。此外，服饰纹样还有太阳纹、火镰纹、火苗纹、万字纹等，体现了羌族人对神灵的崇拜。纹样主要分布于领边、袖口等处及腰带、鞋子上。

# 布朗族服饰

布朗族聚居于云南西双版纳傣族自治州及临沧、双江、镇康、澜沧、景东、墨江等地，多从事农业生产。布朗族妇女所织的"青婆罗缎"为澜沧江一带各族人民所喜爱。怒江两岸的濮人用木棉纺织成的"桐华布"洁白柔软，是上好的服装面料。

◆ **男装**

布朗族男子上穿青色、黑色布的圆领、长袖、对襟或大襟衣，下着肥而短的深色长裤。老年男子包青、黑色包头，头帕端有流苏垂于一侧。青少年男子留短发，喜戴毡帽，帽檐还插几朵鲜花，腰挎长刀、挎包，背火药枪，整个造型显得英俊潇洒。男子上衣左胸处扎染一葫芦纹，来源于葫芦崇拜的习俗。双腿一般都打黑色绑腿。

◆ **女装**

布朗族女子服饰可分为滇西南和滇西两大类。滇西南以西双版纳地区如勐海及思茅为代表，滇西以临沧地区如双江为代表。

滇西南型女子服饰形制为发挽髻于顶，髻插银质三尾螺簪和银伞状头饰，三尾螺银簪是该地区布朗族妇女的特色饰品。在发髻外缠黑色头帕，头顶露出发髻与银饰。上衣分内外两层。内衣为短小至脐的紧身小背心，色彩多为粉红、大红、粉绿。对襟处用竖条花边镶饰，两侧各有一小包，有的还在前襟、袖口、包口缝上亮片，使之更显华丽。背心外套窄长袖短衫，其形似傣族，但比傣族上衣稍长，多为青黑、天蓝等色，大衽、斜襟，紧腰宽摆，襟边、袖口、下摆处均镶有花边，衣后两侧各有一条小布带供系紧衣服用。

滇西南布朗族妇女下身穿两层筒裙，内层为白布裙，外层是黑底上有红色横条纹的织锦花裙。裙的上部以红为主，穿插蓝、绿、黑条及黄白色的细条纹，变化有致。下部以蓝色或黑色为主，少量红色花边在下摆处与上部相呼应。布朗族滇西南妇女平时在家只穿内裙，外出时则套上深色的织锦花裙。年轻妇女常戴银耳塞，塞上缀彩色丝线与珠串、绒球等。

滇西型服饰形制为上衣较宽松，色彩多为黑或白色，无领右衽大襟，盘肩衽边和袖口处镶饰宽边，下摆呈弧形下穿黑色或蓝色筒裙无花饰，腰缠蓝色或黑色腰带，发挽髻，用3米长的黑色头巾包头。已婚妇女在黑头巾内还要包白色毛巾，将黑色头巾缠成两边尖的梭形。

施甸地区的布朗族少女上身穿漂白布或蓝布缝制的高领、长袖大襟右衽上衣，颈部系一条用10余个银泡镶嵌的颈项带，前别一朵精致的银花外套对襟坎肩，在圆领的两边各饰多串银链，分别串有银针筒、银挖耳等银饰品。腰系绲白边的短围腰，长至膝；下着青布长裤，裤口肥大，打青布绑腿。发挽髻，头缠两块3米多长的青黑布头巾，折成三角状，再用一彩色玻璃珠串和丝穗箍扎，插一朵白绒球包头前额留一撮刘海。施甸少女喜戴银器饰品，其中最有特色的是缠戴在手腕上的银手链，长达50～70厘米。

# 撒拉族服饰

撒拉族主要聚居在青海省，少数散居于新疆、甘肃等地。

## ◆ 服饰种类

### 男装

元代至清代，撒拉族服饰仍保持着中亚游牧民族的风格特点，男子头戴羊羔皮帽，脚蹬半腰靴子，身着袷袢，腰系红梭布，女子衣着同男子，只是头戴赤青缫丝头巾。清代之后，撒拉族的服饰与回族、汉族相近，其服饰发展受宗教风俗习惯影响较为明显。包括对襟汗衣、长衫、坎肩、腰带等。青年男子上着白色对襟汗褂（白色汗袷），腰系红布带或绣花腰带外套黑色短坎肩（青布夹袷），蓝色长裤。有的还穿绣花布袜，系绣花围兜。婚后，男子多穿宽大的短褂或较狭窄的青蓝色长衫，腰间系红、蓝缎子缝制并绣有各种花卉图案、缀有绣带的绣花围兜，脚穿绣花袜和布鞋。老年人头缠"达斯达尔"（头巾），多穿青布长衫，长至脚面，两侧开口。冬天外套老羊皮袄，有的用黑羊羔皮或白羊羔皮做大襟，或穿羊毛织的"褐子"衣服。脚穿圆口布鞋或牛皮做的"洛提"。现代撒拉族男子的服装也发生了改变，多穿西服，脚穿皮鞋。

撒拉族男子的帽饰为白色或黑色小圆帽，做礼拜时头缠 1 米多长的白布头巾"达斯达尔"。

### 女装

撒拉族妇女的服饰按宗教礼俗穿着，上衣过膝，裤脚触地。内穿衬衫，外套短夹袷或夹袄。外出时穿长衫，大襟右衽、高衩、加腰紧身，外套与长衫一样长的坎肩（"夹夹"），坎肩有长短之分，中老年妇女穿黑色坎肩，年轻妇女穿红色或几种颜色搭配的坎肩。下身着长裤或长裙。青年妇女多选择色泽艳丽的面料，佩戴金银耳环、手镯等装饰品，中年妇女颜色选择较为低调，服饰较长，脚穿翘尖绣花鞋。因居住环境影响，不同民族间生活习惯相互渗透，部分妇女在指甲上染"海那"、额头手背刺上蓝色的梅花斑、斜襟纽扣上佩戴绣花针线荷包。

现代撒拉族妇女身穿颜色亮丽的化纤、绸缎及毛料时装，头戴质地优良的乔其纱盖头。"盖头"在撒拉族服饰文化中也较为讲究。依照习俗，女性戴上盖头才能出门，撒拉族的盖头与其他民族穿戴方式不同，像风帽，面料为丝绸、纱绒。少女戴绿色盖头或头巾，25～50岁戴黑色盖头，50岁以上或亡夫者戴白色盖头。佩戴时，先戴白帽、花帽后再戴上盖头。妇女均留长发，未婚女子梳独辫或双辫，并戴上绢花、花发夹。婚后挽髻插银簪。

### 鞋靴

撒拉族的鞋品中除圆口布鞋外，男子还穿牛皮做的"洛提"。"洛提"是撒拉族地区的鞋，船形，手工制作，用粗的鞋带皮绳将口抽缩成包子状，里面装草取暖，晴雨两用。年轻少妇穿做工精细的"阿拉鞋"，外形如船，鞋尖翘起，鞋面及鞋帮均有各种花卉的刺绣，亦称"古古儿鞋"。中老年妇女的鞋是一种圆口绲鞋，鞋底是千层底，鞋面用黑色条绒或布料做成。

### ◆ 服饰色彩

受宗教习俗影响，撒拉族崇尚自然、朴实，服饰使用的颜色也较为稳重。男子服饰中，以黑、白两色为主，忌讳红、黄及花色繁缛的服饰，妇女的服饰除宗教仪式服饰外，多使用艳丽、层次感较强的颜色。

### ◆ 服饰纹样

撒拉族服饰纹样受伊斯兰教文化影响，题材大多为植物纹样、抽象的几何纹样等，忌讳使用人物、动物图案。

服饰上绣饰不同形式的各类花卉图案，如菊花、牵牛花、梅花、牡丹等，其花或含苞待放，或盛开繁茂。并且用鸟类或者蝴蝶等纹样进行组合搭配，栩栩如生。图案分配主要集中于头饰、衣服的对襟、裤边等部位。

# 毛南族服饰

毛南族主要分布在广西北部环江、南丹等地。毛南族的先民，先秦时属百越一支。清代，男子蓄辫、以青布缠头或戴青蓝色布裙，穿细葛上衣。妇女穿线裙、长裙。后改为衣裤装。毛南族服饰的发展受到壮族、汉族的影响，其妇女服饰与壮族有很多相似处。

◆ **男装**

毛南族男子上衣一般为黑色对襟，有五个铜扣，毛南语称有五颗扣的衣服为"骨娥妮"。下穿长裤，劳动时扎三角裹腿，年长者赴宴时穿长衫，外套黑色铜扣"马蹬衣"，袖似箭袖，衣背下开13厘米长的衩。骑马赶圩或走亲访友时还穿一种"骑马裤"，为套裤，仅有裤筒，无裆无裤头，裤脚用带扎紧。头缠长约2米的黑巾，头巾一端有穗，缠时留在头顶，如羊角状，称"羊角巾"。盛装时缠黑腰带，带端有红、绿、黄、蓝、白绒线穗子。脚穿白底黑布鞋。男女服色尚青，忌穿黄和白色，只有孝服用白布缝制。

◆ **女装**

毛南族女装常见的有"骨绲"（绲边衣）、"骨细喂"（便装）、"骨垫纹"（汗衫，即垫汗衣）。毛南族妇女穿襟边、袖口处镶有三道蓝色或黑色边的右衽大襟黑色上衣，衣袖则镶有两条红、绿色窄花边。

下穿绲边长黑裤。所镶之边有大条、小条之分。大条宽如筷子头，缝制较容易，一般作为在家或劳动时穿的便装。小条花边窄似火柴梗，黑色长裤镶边的粗细与上衣一致，做工精细，大多镶在盛装上。老年妇女穿大襟衣，长至膝盖，亦镶边以作装饰。毛南族人对自己穿的衣服（特别是贴身衣服）很珍视，称作"本身"，意为"灵魂"。腰间常系围腰，比上衣长，围腰带是自织的黑白花带，有菱形图案和梅花点。

女子爱穿花鞋，有双桥、猫鼻、云头3种形式。"双桥鞋"用红、绿两种色的面料在鞋面镶嵌成两条花边，形如两座跨河的拱桥。"猫鼻鞋"用五彩花带，在鞋面上组成勾头形鞋尖，尖头如小花猫鼻子。"云头鞋"的鞋面则绣彩云、莲藕图案。

毛南族小孩10岁以后开始蓄发，辫梢喜结3个带穗的球，并戴用黑土布缝制的"皱帽"。先缝成长筒状，再将一头折褶，用线扎紧即成。皱帽既保暖又透气，又便于拆洗。

毛南族女子出嫁后包青头帕，露出头顶。外出走亲访友，喜戴花竹帽。花竹帽是由一种当地产的黄金竹和黑亮的墨竹薄片精工编制而成的，又称"顶卡花"或"顶盖花"，意为"帽底编花"。用作编制竹帽的篾片细如发丝，表层用720片分篾，里层用360片分篾。犹如锦缎似的多层繁花的竹帽工艺价值很高，成为毛南族青年男女之间的珍贵礼物。

◆ 配饰

毛南族服饰中常见的帽子有"瓜皮帽""凤帽""圈帽""熊帽""布檐帽"等。

# 仡佬族服饰

仡佬族主要居住在贵州北部的道真和务川等地，还有部分散居在云南、广西等地。

## ◆ 服饰种类

### 男装

旧时，仡佬族男子穿立领对襟短衣，盛装时着长衫，下着长裤，多为青蓝两色麻布制成。居住高寒地区的常披毡，裹绑腿。现已经不披毡，服饰也无花边。头部包青或白色头帕。

### 女装

道真和务川地区的仡佬族女子服饰多为右衽大襟衣，浅色镶嵌黑色花边，花边分为大镶绲和小镶绲。下着长裤，裤腿窄紧，裤脚饰云纹或海浪纹宽边。节日盛装时穿绣有各式图案的"提裤"，也有穿裙者。

仡佬族未婚妇女梳独辫或盘头，缠黑头巾，头巾饰有花边。已婚妇女则盘发髻，压"汗梳"，缠黑色头巾，或用三条两端坠有穗子的黑头巾一层层包裹头部，露出6个穗头在脑后。

安顺平坝地区的仡佬族妇女上衣有两层，内为大襟有领右衽衣，浅蓝浅紫色，袖口嵌四条花边，外罩黑色套头无袖袍，后长及裙，前襟至膝上扎进裙内，腰带系在右侧，带端及膝，饰栏杆和穗。该形制被称为"披袍仡佬"。该地区女子未婚梳独辫，婚后挽髻包黑帕子。

### 鞋靴

旧时仡佬族男子，贫者常穿草鞋或赤足，富者穿市袜，雨天穿钉鞋

（又称鞋爪）。另有棕编成的濮鞋、元宝鞋、云勾鞋等样式。清末民初仡佬族女子尚有缠足习俗，穿软底内鞋，套笼鞋，再套布草鞋，鞋面绣花。后逐渐废除缠足恶习，以穿布鞋为主。仡佬族女子的绣花布鞋口沿和鞋头都有绣花，鞋头略上翘。

仡佬族的"同年鞋"代表姑娘送给心上人的爱情，白底，外形精巧美观。

◆ 服饰色彩

根据服饰色彩，仡佬族服饰分为花仡佬、白仡佬、青仡佬、红仡佬等。红仡佬喜欢在衣领袖口裙边等处绣红花，花仡佬所绣花则为五彩色。

◆ 服饰纹样

仡佬族服饰纹样有云钩子、万字格、梭子花、锯子齿等几何图形，以及波浪、跳三针、四叶菜、狗牙瓣、吊子花等，另外还有花鸟鱼虫、植物、人物等纹样。

# 锡伯族服饰

锡伯族主要分布于新疆、辽宁等地。其中，新疆的锡伯族主要聚居在伊犁察布查尔锡伯自治县以及伊宁、乌鲁木齐等地。

◆ 服饰种类

**男装**

由于历史原因，锡伯族男子服饰与满族服饰有很多相似之处，都有与渔猎生活相适应的特点。青年男子头戴青、蓝、棕等色礼帽或鸭舌帽，身穿大襟右衽长袍，长袍领襟处常绲有边，下摆左右开衩，襟有纽襻，面料多为棉麻土布、细布或丝绸，以青、蓝、黑和棕色为主调，有时外罩马褂，腰系青布带，下身穿宽腰长裤，裤脚用带系扎，足蹬厚底鞋。冬季头戴圆顶护耳帽，长袍外加套黑色对襟短袄，外穿皮大衣，腰束革带。老年男子内穿对襟小白褂，外穿长袍，亦有人加套马褂，脚穿白袜、布鞋，扎裤脚，头戴礼帽。现代锡伯族青年男子喜穿西服、夹克衫、运动衫、皮鞋、靴子，头戴鸭舌帽。

### 女装

锡伯族妇女服饰吸收融合了满族、蒙古族、维吾尔族等民族的服饰特点。年轻妇女服饰样式较多，多穿以各色花布和方格布为面料的大襟、右衽长袍，立领，下摆左右开衩，有的衩口处镶有花边，类似于满族传统的旗袍式样。外套坎肩，脚穿绣花鞋。中年妇女的长袍多为红、绿或粉色等，也加套坎肩，足穿绣花鞋。也受维吾尔族服饰风格影响，穿多褶连衣裙，外套短坎肩系腰带，头包方巾。老年妇女多着长袍，以青、蓝、黑色为主，长及脚面。内穿长裤并扎裤脚，穿白布袜、绣花黑布鞋，冬季穿棉袍，戴棉帽。

锡伯族妇女的发型和头饰，依照不同年龄段，样式各异。少女留长发梳独辫，扎红头绳，头上辫稍系扎花，包花头巾。已婚妇女梳发髻，额前梳刘海，脑后梳燕尾。新娘盘发，戴彩色绸缎镶嵌珠宝、金银饰的头箍，并在额前垂落一排银链、串珠。在发髻上插戴金银制作的"大插库"（扁形大簪子）。生下孩子后取下头箍，但不能摘"大插库"，这是已婚妇女的标志。夏季妇女们多使用青色或白色头巾包头。老年妇女秋冬季戴呢绒或毛毡制作而成的"坤秋"（青色卷边圆形棉帽），帽顶多为红、蓝、紫色的绸缎面料，顶上饰有刺绣或金银盖花，再钉两条与帽顶相似面料的飘带，上宽下窄，并在带端尖角处缀上线穗。

**鞋靴**

锡伯族男子多穿布鞋，春、夏、秋穿圆口黑布鞋，冬天穿毡毛黑布鞋，其鞋勒比春夏的稍高一些。女式布鞋与男式相似，黑布鞋上饰有绣花，也有的穿花色艳丽的绣花鞋。

◆ **服饰色彩**

锡伯族青年服饰色彩鲜艳、对比强烈，多穿黄、绿、紫等色。老年人的服饰多为暗色系，稳重朴素，多穿青、蓝、赭和黑等色。

◆ **服饰纹样**

锡伯族服饰纹样多取材于自然生活中常见的花草、动物及民俗信仰，如牡丹、莲花、菊花、牵牛花、蝴蝶等，以及民俗信仰中具有吉祥纳福之意的神兽、神树、天梯和自然天体现象等纹饰。

新疆地区的锡伯族在多元文化环境下形成了独特的服饰纹样。以牡丹、蝴蝶、菊花、莲花、石榴、葡萄等植物题材为主的纹样在服饰中占主导地位。同时，在服饰纹样中吸收了中原地区的纹饰特点，如蝶恋花、鸳鸯戏水、瓜瓞绵绵、榴开百子等吉祥纹样图案。图案主要集中在领、袖、衣襟、裤边和衬胸等部位。

# 阿昌族服饰

阿昌族主要聚居在云南省，少数散居于贵州贵阳一带。

## ◆ 服饰种类

### 男装

阿昌族服饰整体风格简单、朴实、大方。传统男子上装以短衫居多，主要包括黑色对襟窄领上衣、黑色长裤、包头布等。旧时男子结婚或参加祭祀活动都要穿自织黑色长衫。各个地区的男子服装在面料款式上大致相同，但在颜色和配饰方面各有特色。大致可分为以下 3 种服饰：①陇川腊撒男子服饰为上身穿黑色上衣，下身穿大脚长裤，用黑色或白色头巾包头，并留出约 40 厘米穗头垂于脑后。颈部戴银项圈，胸间佩戴一朵彩色编织毛绒花，腰间配银刀。②陇川户撒男子上身穿天蓝色衣服，下身穿宽松长裤，头戴毡帽，腰间配刀，小腿扎绑腿。③潞西高埂田、腾冲新华蒲川、龙陵芒达地区男子服饰介于以上两种风格之间。

现今的阿昌族只有老年男子仍穿本民族服饰，年轻人的着装已与当地汉族无异，只有在重大节日时才穿本民族服装。男子也用绣花裹肚，一般是未婚女子亲手织绣送给心仪男子的礼物，这种传统带饰极为珍贵。男女皆用绑腿，它以黑色布制成，用红色绒线绣边。女性绑腿为长方形，男性为三角形。

### 女装

阿昌族未婚女子喜欢穿右衽大襟短衫，下穿黑色麻布裤子，裤长较短，裤口肥大。已婚女子穿对称式门襟的竖直式立领短衫，衣长至臀围线，门襟右侧有四粒圆形银扣，下装普遍为裙装，裙子造型为"H"形，裙长超过膝盖。这是阿昌族最为典型和普遍的女上装造型。

不同地区的阿昌族女性服饰各有特色，大致可分为户撒型、腊撒型和梁河型。①户撒型穿着人数最多，未婚女子穿粉红、浅蓝等淡色上衣，下身穿深色长裤，头发用辫子和红色毛线盘成盘状，腰系围裙和绣花腰带。已婚女子与未婚女子服饰饰品基本一致，但是下身穿两层黑色筒裙。②腊撒型服饰的民族传统元素保存最多，女子上身穿半袖黑色对襟衣，下身穿两层黑色筒裙，小腿扎彩色拼图绑腿，头顶黑色盘状包头，老年人着装比较朴素，一般不戴首饰和花朵。③梁河型服饰的高包头最具特色，未婚女子服饰与户撒型一样，但已婚女子服饰非常独特，上身喜欢穿粉色、淡蓝色等颜色鲜亮的对襟衣，包黑色的高包头，寓意为巾帼英雄，勇敢聪慧。

花腰带是阿昌族女性服饰中最重要的一部分。宽约四指，以红色为底，做工精细考究，色彩鲜艳夺目，其上所织花纹有 36 种之多。每逢年节，妇女戴上各种心爱的饰物，脖挂项圈，耳戴银环，将鲜花插在头上，并把牙齿染黑，以此为美。阿昌族女子的头饰形态十分丰富，颜色以黑为主，也常用蓝色，其造型可分为盖头式、兔儿节式、碟子包头、狗牙包头、小包头、软包头、方形大包头和插花包头 8 种。包头正面用花朵装饰，周围装饰有珠片的各色开司米。

### 鞋靴

传统阿昌族鞋子多为布鞋草编鞋，女子喜欢在鞋子上刺绣花纹。

◆ 服饰色彩

阿昌族服饰主要为蓝色和黑色，黑色衣物上搭配银饰和各色花朵与彩色毛线装饰，整体风格鲜艳醒目。在头饰中，不同鲜花的颜色也有不同的寓意，红色花朵象征着欢乐，白色花朵象征着纯洁，黄色花朵象征着爱情。

◆ 服饰纹样

阿昌族女子筒裙花纹具有特色，筒裙上的花纹统称为"节子花"，主要有阿波羊叉、细炯、曩瓦花、火甲花、香炉脚花、蕨叶花、扭棍花、五筒花、七筒花、九筒花、十一筒花等花纹。

# 普米族服饰

普米族主要分布在云南及四川的部分地区。早期的普米族是游牧民族，穿衣用皮毛御寒，具有游牧民族特色，至明清时期逐渐转变为农耕生活，因生产方式和生活形式的改变，服饰颜色、款式、种类增加，形成了普米族独特的风格。

◆ 服饰种类

**男装**

普米族男子服装各地样式较为统一，差别不大，上身穿右衽高领白色或黑色短衣，外套羊皮坎肩，也有的穿藏式氆氇和呢制长袍，白天可防寒，坐时当垫子，睡时当褥子。天热时将袍子褪至腰间，两袖在腰中垂下。下身穿长裤，膝下用布或毛毡裹腿。腰间系腰带并佩挂刀、枪支类武器，既能用于劳动和狩猎，又能显示男子的英武、勤劳。

男子多留长发，用丝线把假发包缠在头上，也有男子剃光头，仅在头顶留一小撮发，梳成辫子，盘于头顶。老年男子喜包黑色头帕，不戴饰物，也不戴假发，包头布比青年人长的多。

普米族男子戴的帽子也比较讲究，式样较多，有狐狸帽、圆形毡帽、白色礼帽、大瓜皮帽等，后流行盆檐礼帽，形状与博士帽相似，有的镶金边。

### 女装

普米族女装服饰各地有一定差异，整体风格婀娜多姿、宽松大方。主要可分为宁蒗型和兰坪型。

宁蒗型。宁蒗型服装整体风格古朴而素雅，女子上身喜爱穿右衽高领镶边大襟衣，外套背心，上衣的大襟和右肩部用红、黑线绣有四条横向的宽窄长短各不相同的图案。下身穿白色宽大的麻布百褶裙，裙中镶有一道彩色横纹。腰部缠绕长达10余米的用红、绿、黄、蓝色线织成的氆氇腰带。妇女头部常用彩线、牦牛尾与头发裹缠后盘于头顶并垂下一束至左肩。受纳西族影响，普米族女子也披一张洁白的羊皮于背部。

兰坪型。当地普米族女子服饰受白族影响较大，未婚女子上身喜爱穿右衽镶边的白色大襟长衣，外罩深色坎肩，下身穿深色长裤，腰间系绣满花纹的半截围裙。头戴白色或蓝色有白边的方帕，辫子由左向右缠压在头帕上。已婚妇女腰系深色半截大围裙，一般已无花饰，仅在下摆装饰彩色宽边。老年妇女包黑色包头，服饰以蓝、青、红、黑、紫色为主。

传统普米族装束并没有包发，后来受周围民族影响开始包发。成年妇女留长发、梳辫子，喜用大块的黑布（称大包头或帕子）包缚头部，并喜戴假发，假发上拴若干蓝、紫色彩线和串珠。

**鞋靴**

旧时普米族男女光脚或夏穿草鞋，现女子穿绣花鞋，男子冬穿粗工牛皮袜和自制半筒猪皮鞋。

◆ **服饰色彩**

普米族自古以来就有以白为善的习俗，因此服饰也多有白色。在整体搭配上，以红、黄、蓝三色搭配，充分显示了普米族人对色彩的运用。

◆ **服饰纹样**

普米族服饰上的图案主要由篾盒"笃笆"和木垛房墙纹构成，象征吉祥、友爱、神圣和幸福。女子裙子中间绣一道横线，据说是象征祖先从遥远的北方草原南迁的路线。

# 塔吉克族服饰

塔吉克族主要分布于新疆西南部喀什地区塔什库尔干塔吉克自治县。

◆ **服饰种类**

**男装**

塔吉克族男装主要以棉衣、皮衣和夹衣为主。青年男子上着套头直领白衬衫，衬衫领部、胸襟处绣有花纹，外罩底为黑、青、蓝或褐色绣有花纹的无领对襟长外衣，腰间系花布腰带或镶有金银饰品的皮带，下穿黑色绣花窄长裤，裤腿两侧开衩并绣饰花纹。冬季外加对襟皮大衣，以灯芯绒或平绒作面，有的在襟、袖处绣有花纹，宽松保暖；腰束带或腰巾，下着皮裤。夏天戴白色毡帽，冬天多戴高筒圆顶的皮帽，以黑皮绒为面，黑羊羔皮为里，帽筒上绣饰一圈花边装饰。足穿长筒尖头皮靴，夏季以羊皮制鞋帮，牦牛皮制底，轻巧耐磨，冬季内穿毡袜或毛线袜，保暖耐用。

男子多系腰饰、花布腰带或带有绣花的腰带，用棉线织成，再用金线编织出缨子，长 1.5 米左右。

塔吉克族男子一年四季均戴帽，为适应高原气候，帽饰多可抗寒保暖，冬季戴黑羊羔皮制成的"吐马克帽"，夏季戴白布缝制的"谢伊达"小圆帽等。

## 女装

塔吉克族妇女的服装较为讲究，已婚与未婚妇女的服饰略有区别。上身穿连衣裙，裙外套绣花长坎肩或短外套，下身穿布长裤，冬季外罩棉袷袢。年轻女子的裙装多为红、黄花色；老年妇女的裙装多为蓝、绿花色。另外，已婚妇女在腰间系后身围腰，将臀部遮住。足蹬深红色的长筒尖头软底皮靴。

塔吉克族妇女多戴刺绣精美的帽饰，不同年龄的帽饰不同。少女所戴的绣花平顶圆帽，用白布作底，帽上用鲜艳的平绒绣饰精美的刺绣图案，用金、银亮片或珠子编制成花卉纹样，装饰在帽檐四周。帽前檐垂饰串珠或小银链子。已婚妇女戴绣花圆筒形羔皮帽或棉帽，帽的后半部垂有帘布，可遮及后脑和两耳。外出时，帽上加大方巾，不仅可以包住帽冠，还可护住双肩和前脑。大方巾的配色因人而异，少女多为黄色、嫩绿色，新娘多为红色，老年妇女多为白色。

塔吉克族女子的发型与头饰别具特色。以发辫为主，未婚女子不留鬓发，发辫上不佩戴纽扣等饰物，多用小铜链将辫梢联结在一起；新婚妇女梳四条长辫，辫子上各佩戴一排大的白色纽扣或银圆做装饰，这也是已婚的标志；中年妇女留鬓发，长度与耳垂相齐，梳一条发辫；老年妇女留一条发辫，不佩戴胸饰。

### 鞋靴

鞋靴在塔吉克族人的生活中有着重要意义，由于长期处在寒冷的高原气候中，无论冬、夏，长筒皮靴、毡袜都是生活中不可缺少的用品。男女都穿毡袜或毛线袜，外穿长筒、尖头软底皮靴。靴筒用羊皮制成，靴底用牛皮或骆驼皮制成。这种靴子轻便耐磨、防寒御水，无论骑马或爬山都十分适宜。

### ◆ 服饰色彩

塔吉克族服饰喜用色彩强烈、鲜明的颜色，尤其喜爱红色，男女老幼的靴子也染为红色。另外，也喜爱用白色，白色如同高原上的白雪，象征纯洁。结婚时，新郎的帽子会缠绕红白相间的布，以表达新人对爱情的纯洁和忠诚。

### ◆ 服饰纹样

塔吉克族传统服饰中，花草、几何纹居多。帽饰上绣有传统的几何纹样，多为十字纹，这是一种"太阳纹"。另外，塔吉克族人还将石榴花、小叶草、大叶草构成的对称图形，用适合纹样、二方连续、四方连续的形式绣在帽檐和帽顶上。

# 怒族服饰

怒族主要分布在云南。

## ◆ 服饰种类

### 男装

怒族男子服饰大致与傈僳族相似，且各地差别不大。怒族男子整体服饰风格古朴素雅，上身穿交领麻布长衣，内穿对襟紧身汗衫，外罩敞襟宽胸长衫，长衫无纽扣，穿时衣襟向右掩，并且长衫白天可遮风避雨，露宿则可垫可盖。下身穿长裤，长度及膝，腰系宽大腰带，扎成袋状，用以装物。小腿部位缠上用竹篾做的绑腿，男子多喜欢在左耳佩戴一串珊瑚，成年男子必备长刀、挎包、硬弩和熊皮箭囊，显得英武潇洒。

普通男子多蓄发，也有结发辫或披发齐耳，用青布或白布包头，头人和富人在左耳佩戴一串大红珊瑚为饰，以示享有荣誉和尊严。受周边民族影响，北部地区的怒族男子多爱戴毡帽，南部地区的男子多用头巾裹头。

### 女装

怒族女性服饰多姿多彩，由于分布地区不同，怒族各地之间的女性服饰存在一定差异。

兰坪怒族若若支系女性服饰与当地白族相似，上身多穿青色或淡绿色左衽短上衣，外套黑色或深蓝色领褂，前短后长，领口、袖口镶缘花边。下身穿宽松长裤，腰围浅色绣花围腰。

贡山怒族阿龙支系与藏族相邻，女子服饰与藏族相似。上衣一般穿浅色右衽条纹衣服，衣长及小腿，衣缘处绣有花边，外套深色领褂，长及领部，有的用两幅彩纹麻布围身，腰系围腰或腰带。外出时挎藤篾挎包。女子头饰喜爱配搭头巾，外面缠红白相间的缨穗。耳朵上戴竹管，胸前佩戴彩色珠串项链。少女则用彩色毛线与头发相编缠作为头饰。

碧江怒族怒苏支系和福贡怒族阿怒支系女子上身穿浅色窄袖短衫，外套右衽深色领褂，下身穿黑色或白色带有蓝纹的麻布宽摆百褶长裙，女孩 11 ～ 13 岁以后换裤穿裙，已婚妇女衣裙上加绣花边。当地妇女还喜欢佩戴彩珠、贝壳串成的帽子和用珊瑚、玛瑙、贝壳、料珠、银币等串成的头饰，称为"卢批靠"。胸前喜戴彩珠和大贝壳组成的胸饰，称为"夏伟"。外出时肩挎各种颜色布拼成的拼花挎包，这种挎包常作为青年女子送给恋人的信物。

### 鞋靴

古代怒族先民穿鞋子，男女皆跣足。现怒族男子穿布鞋，女子爱穿绣花鞋。

### ◆ 服饰色彩

怒族崇尚黑色。包头布多用黑、白、青三色，再以彩色线装饰。阿龙支系妇女爱穿浅色上衣，深色领褂，腰系彩色围腰，在整个服饰浓淡深浅的色彩对比中起到画龙点睛的效果。贡山地区妇女上衣爱穿赭红、大红或其他深色坎肩。怒苏和阿怒两个支系下穿黑色或白底蓝纹的百褶裙。

### ◆ 服饰纹样

怒族服饰比较简单，服饰上少有纹样。怒族的麻布称"红纹麻布"，经线用红、黄、蓝、绿、黑等色线，纬线用白线，形成对比强烈的彩色条纹。怒族女子喜在腰带上纹绣彩色横条花纹，用红纹麻布制成，成为怒族服饰的一大标志。

# 乌孜别克族服饰

乌孜别克族散居在新疆维吾尔自治区。

◆ **服饰种类**

### 男装

乌孜别克族传统男式服装上身着套头小立领绣花衬衣，外套长度过膝的长衣，长衣有两种款式，一种为直领、开襟、无衽，胸前两侧多插包式的开口，双手可由此伸出，在门襟、领边、袖口上绣花边，衣服上有花色图案；另一种为斜领、右衽的长衣，类似维吾尔族的"袷袢"（乌孜别克语为"托尼"）。腰束三角形的绣花腰带，下身着长裤。青年男子多穿斜领、右衽的长袍，长至膝盖，无纽扣，腰间扎三角形绣花腰带，所穿衣服的领边、袖口、前襟开口处都绣着红、绿、蓝相间的彩色花边图案，腰间所束腰带色彩都很艳丽。老年人爱穿黑色长衣，腰带的颜色也偏于淡雅。冬季外穿羊皮大衣，脚蹬马靴和胶质套鞋，头戴皮帽。

乌孜别克族的"朵皮"（帽子）有30余种，不论男女老少，都爱戴各式各样的朵皮。男女有所不同，青年男子多戴黑色、蓝色，老年男子多戴深绿色。有传统的图斯朵皮、巴达木朵皮、齐曼塔什干朵皮、卡达克朵皮等，冬季戴皮帽、"散马布其"（皮制朵皮）。

## 女装

乌孜别克族青年女子多穿花团锦簇的连衣裙，裙宽大、多褶，不束腰带，胸前绣饰花纹和图案，并缀上五彩珠和亮片。外套绣花的小坎肩或深色上衣，衬托连衣裙的花色，使其更为鲜艳夺目。亦有连衣裙外套镶有花边的长袍，下着长裤。相对而言，老年服饰多用黑色、深绿色或咖啡色，显得沉稳端庄。冬季除毛衣、毛裤、呢子大衣外，喜穿狐皮、裘皮大衣。

乌孜别克族传统服饰中还有一种"帔衫"，领襟下摆处均镶嵌有花边，两侧有长菱形的图案和开口，形如插包，披在身上，两手可以由此伸出。而两只袖子披在背部形成特殊的装饰，袖子极窄小，手无法伸入。袖子的上面装饰有花边和彩穗，穿时从头上披裹全身。

乌孜别克族妇女将留长发当作一种传统，发型和辫子的数目要按照一定的要求来修理。未婚少女的辫数为7根、15根、17根、21根、41根，忌讳辫双数。已婚女子只留双辫，即为已婚标志。乌孜别克族妇女将头发视作福气与财富，认为头发越长越有福气，因此会保留落发，绝不丢弃。

乌孜别克族妇女头饰有帽子、头巾等。帽饰为紫红、金红、枣红等色的金丝绒或平绒制作的小帽，帽形棱角明显，富有立体感，帽冠四周绣满花纹。如不戴小帽，则系扎方巾。有些妇女常在小帽上罩以花披巾，或披上披巾再戴小花帽。男女老少所戴的花帽多为"塔什干花帽"和"安集延花帽"。

**鞋靴**

按照传统习俗，乌孜别克族男女老少多穿带有乌孜别克族传统绣花的皮靴、软底皮靴、套鞋和拖鞋等鞋靴。多用牛羊皮制成，轻便保暖。男式鞋靴不绣花，女式带有绣花，工艺精湛。

◆ **服饰色彩**

乌孜别克族服饰色彩鲜明、对比强烈。传统观点认为，蓝色象征着吉利，白色象征着纯洁，绿色象征着富饶，红色象征着胜利。服饰色彩喜用多色拼接，多层次感，色彩鲜艳，具有浓郁的民族特色。

◆ **服饰纹样**

在乌孜别克族的服饰纹样中，因宗教信仰原因，其纹样反对描绘具象化的人物、动物，主要以几何纹与植物纹作为装饰图案。几何图形纹样有基础的抽象化曲线纹样、组合纹样及各式各样的多角形纹样。植物纹样在抽象与具象之间，喜用曲线勾勒出自然界的真实植物，如巴旦木、石榴花、葡萄、卷草纹等。图案分配主要集中在领、袖、衣襟和裤边等部位。

# 俄罗斯族服饰

俄罗斯族散居于新疆、内蒙古、黑龙江等地。其服饰丰富多彩，沿袭了俄罗斯人的传统，又受当地不同民族的影响，讲究整体搭配、色彩和谐。服饰款式与日常生产生活相适应，不同的季节，选择不同的颜色和款式。

◆ 服饰种类

**男装**

俄罗斯族传统服饰上身为白色立领汗衫或绣花衬衫，整体宽松，两袖筒肥大，有些衬衫的袖与肩的连接处打褶，领襟处为半开襟立领，即在领子的正中处或偏左处开直衩。衣领、门襟、前胸、袖口及腰处绣饰精美花边，有几何纹或花草纹。衬衫腰部系带，带头打成花结，悬垂于右前侧。下身为长裤或灯笼裤，裤脚宽大。腰扎带子，头戴八角帽。脚穿半高筒皮靴，后跟厚实。外衣多为开衩长袍，冬季则穿毛向里的皮大衣或棉大衣，皮板向外，脚穿高筒皮靴或毡靴。俄罗斯族男性普遍喜欢戴帽子，各种礼帽、鸭舌帽和皮帽较为流行。

**女装**

传统的俄罗斯族女式服饰更能体现其民族特点，被称为"布拉吉"的连衣裙是俄罗斯族妇女四季均穿着的服装，淡色、短袖、半开胸、卡腰式、大摆绣花或印花，白底织红、黑花纹做成的花连衣裙更具有俄罗斯民族的特点，在肩部、前臂、领襟处均有红色的织花，腰部系黑围裙和红色织花带。裙内穿长裤，裤管扎入长筒袜内。有的地方在连衣裙外加套无袖、对襟长袍，用一长排纽扣系拢，年轻女子的无袖长袍两侧开衩。老年妇女亦穿"布拉吉"，只是不再束腰。冬季身着毛呢长裙，外罩以裘皮或羊绒大衣，足蹬皮靴或毡靴。

俄罗斯族妇女普遍有戴头巾、披肩的习惯，其中头巾已经成为日常生活必备的服饰之一。每个俄罗斯族妇女都拥有花色和质地不同的头巾，以备不同季节、不同场合佩戴。另外，俄罗斯族中老年妇女多佩戴以毛线、毛绒或化纤质地并且色彩鲜艳的方形、三角形披肩，从头至肩披裹住上半身，除了具有装饰作用，还具有御寒保暖功能，已成为俄罗斯族妇女服饰的最大特点。冬季妇女外出时常戴筒形的绣花帽，帽顶用围巾连头包住，在颌下系结，露出帽前的绣花。

俄罗斯族妇女未婚者多梳小辫，小姑娘梳双辫，大姑娘梳独辫，并系扎蝴蝶结。已婚妇女将头发梳成两条辫子盘在头上，再将辫子裹在头巾或帽子里。

### 鞋靴

俄罗斯族的鞋品根据不同季节而有所不同，冬季男女式鞋靴多为高筒皮靴或毡靴，有的在靴外套以胶鞋。夏季男士多穿着后跟结实的半高筒皮靴，裤管扎入靴筒内。女士足蹬花色艳丽的小皮鞋、高跟皮鞋，与颜色亮丽的裙装相搭配。

### ◆ 服饰色彩

俄罗斯族服饰色彩强烈、鲜明，喜多色拼接的花布连衣裙，并在服饰中喜欢绣饰色彩鲜艳的花纹图案。多喜爱白色、红色和色彩亮丽的颜色，对比强烈，层次分明。

### ◆ 服饰纹样

俄罗斯族长期生活在多民族文化中，因此他们的服饰纹样吸收容纳了不同民族的图案特点，多使用几何纹、花草图案作为装饰纹样，喜爱选用格子面料、粗麻布和印花布等。服饰与纹样的搭配，浓淡相宜、雅致大方、随意自然。

# 鄂温克族服饰

鄂温克族居住分散，多与蒙古族、达斡尔族、鄂伦春族、俄罗斯族等民族杂居。聚居人口最多的是内蒙古呼伦贝尔的鄂温克族自治旗。由于与其他民族杂居，不同的经济、文化背景及生活环境决定了各地鄂温克族人不同的服饰特点。各地的服饰材料亦不相同。

## ◆ 服装种类

### 男装

鄂温克族男装以皮袍为主，男子年节的礼服称为"胡布其苏翁"，常用羔羊皮制成袍，大襟右衽，扣子两三排并列，下摆左边开衩，在领、襟、开衩、下摆处镶上与面料色彩搭配协调的花边，服饰讲究。男子狩猎时常穿由狍皮制成的袍——"南得苏翁"，下摆前、后、左、右开衩；领围、襟边、袖口、下摆镶饰黑、白相间的薄皮边或云纹，用鹿筋或狍筋线缝制，轻巧、暖和。棉袄是鄂温克族男女老少春秋季常穿的服装，一般用布或绸缎作面。男子多为青蓝两色，夏季则穿夹长袍，面子多为绸缎。下着长裤，外常穿皮套裤，起到防寒耐磨作用。夏天则穿去毛的皮套裤。

在男子服饰中，束腰带是一种重要的礼节，不束腰带被认为是无礼的表现。腰带上挂烟袋和小刀。帽子呈圆锥形，顶尖有红缨穗，帽面多用蓝色或天蓝色的布料缝制，冬季的帽可用羔皮，也有的喜戴狍头帽和毡帽，通常将毡帽改制成带有四个扇耳的帽子，称"四块瓦"，帽耳上多饰兽皮，帽顶缝貂尾，十分美观。夏天则戴单帽。

## 女装

鄂温克族女装因地区不同而有所差异，女子长袍分为两大类：一类是敖鲁古雅地区的女子所着的长袍，为对襟式，大翻领，有的领大至肩，胸前钉五排纽扣，有的襟边有边饰。另一类是莫尔格勒河一带的女子长袍，为大襟式，上身紧，下如喇叭式的裙，宽大而有褶，有的为马蹄袖。立领、盘肩、襟边、袖口、下摆处均镶饰有花边，从花边镶饰的变化可以看出女性的不同年龄及婚姻状况。部分地区的女子穿带披肩领的连衣裙，在前面开襟，部分地区的女袍采用收腰的造型，在腰间打褶，下摆则比较宽松，已婚女子的袍子在肩缝处打褶，形成泡泡袖的结构。

鄂温克族姑娘梳八条发辫，戴尖顶的筒形帽，有的喜欢戴毡帽，已婚妇女将八条辫子改梳为两条，并将两根发辫套进用黑布做的套筒内，用银链将其挂在胸前。有的妇女将头发正中分成两绺，梳成两条辫子盘于头顶，并在额前打结，老年妇女戴平顶皮帽，额头连着帽边有一发箍，箍上镶嵌着料珠及银片，梳两根长辫，辫身用绒线紧缠，辫梢吊银环，环下有一银链将两环连接，挂在胸前。

家庭富裕的鄂温克族妇女头上还要戴珊瑚、宝石发箍。夏季多用绸巾系在头上或戴上毡制的单帽，帽形如喇叭状，尖顶上有红色丝穗。冬季则戴羔皮帽或用水獭皮、猞猁皮制成的帽子。

## 鞋靴

鄂温克族人在雪地、山林行走时穿狍腿皮靴，它轻巧、暖和、结实，并且行走时脚步声小。穿靴时脚上缠布，靴里垫衬靰鞡草。靰鞡亦是他们常穿的靴鞋。牧区的男女老少均穿皮靴。牧养驯鹿的鄂温克族人在严寒的冬季穿带毛的驼鹿腿皮靴子，夏天穿去毛的驼鹿腿皮靴子。驼鹿腿皮靴子有冬暖夏凉、结实耐磨、穿用方便等优点。但是，农区的鄂温克族人受农业文化的影响，也穿绣工精巧而纳底的布鞋。

◆ **服饰色彩**

鄂温克族男女都喜欢用蓝色、绿色、灰色布料或绸缎做长袍。其中，以蓝色为多，妇女多穿绿色长袍。几乎不用红、黄、黑、白等颜色的布料或绸缎缝制长袍。穿长袍必系的腰带多为黄、橙、绿等颜色，成为服饰色彩的重要点缀。

◆ **服饰纹样**

鄂温克族人的传统服饰包含了对自然界万物的崇拜，以及同万物和谐共处的深刻思想。如有钩有弯的云纹花边，他们认为这种纹饰使家中的牲畜不易丢失，从而能够留住自家财富，是一种吉祥富贵的象征。鄂温克族男布鞋的鞋帮上有用单一颜色的线绣成的云纹图案，寓意踏云而上、平步青云；女布鞋则用五色线和绫罗绸缎绣上花草、蝴蝶图案，寓意生活四季如春、绚丽多彩、幸福美满。

# 德昂族服饰

德昂族主要分布于云南省德宏傣族景颇族自治州。特殊的地理环境、气候，再加上生产条件的限制，使得德昂族服饰多采用吸湿性、透气性强的棉、麻织物作为主要的服装面料。

## ◆ 服饰种类

### 男装

德昂族男装较为简朴，少年男子上身穿翻领青布对襟衣，下身着裤，裤腿肥大，腰扎青布带子，绑青色布绑腿，头戴瓜皮帽。青年男子上穿双层领的青布大襟衣，外层白领衣缘装饰彩色绒球，用银泡或银币做纽扣，耳戴银耳圈，头包花包头，下穿黑色大裆裤，外出时喜佩戴长刀或漂亮的挎包。中年男子服饰大致与青年男子相同，只是装饰较少，用藏青或白色布包头。大多德昂族男子的头帕一端饰有红色或黄色丝隋和绒球，男子盛装时戴银饰。新郎装为黑色长衫，戴红、黄、白等色的绒球头帕。由于经常在山间行走，故德昂族男子的裤子多为宽大的半截裤，扎青布或白布裹腿，这样的装束既有助于解暑，又能保护自己免受山间毒虫侵害。另外，男子左耳喜戴大银耳筒，佩戴银项圈，外出时喜欢佩戴一把长刀或者背一个挎包。

德昂族男子戴包头和帽子，有白色包头、水红色瓜皮帽和毛巾包头。也有一些支系用各种颜色的毛巾做包头。

### 女装

德昂族传统妇女服装有头巾、衣服、筒裙、绑手、绑脚。现代德昂族女装与从前没有太大区别，少女上衣着黑布或白布短衫，下身着挂肩的青布小裙，戴一顶红、黄、绿各色布片连缀成的小瓜皮帽。妇女上身穿黑色紧身大开襟短衣，前襟两边各镶一块红布，再钉上银或铝制衣扣，下身穿系至腋下的筒裙。德昂族妇女服饰以筒裙色彩分为三个支系，即花德昂、红德昂和黑德昂。花德昂妇女筒裙为红黑相间粗条纹。红德昂筒裙与花德昂相似，只是变化更多，且喜背挎包。黑德昂筒裙以黑色为底，上面相间红、绿、白细横条纹。

德昂族女子的发型和头饰很有特色，已婚的花德昂妇女将四周头发剃去，留顶发编成长辫，再与头帕混缠，盘于头顶。有的也直接剃光，再用黑帕包头。黑德昂妇女不剃发，而是把长发挽髻于头上，再缠上头帕。德昂族女子头饰有包头和帽子两种，年轻女子戴圆形配彩色绒线的帽子，成年妇女婚后裹黑包头，包头尾端系七彩色。有的戴银片装饰的帽子，帽顶用多色小布块拼接。

腰箍在德昂族妇女佩戴中引人注目，姑娘成年后都要在腰间佩戴上腰箍，腰箍大多用藤篾编成，也有银制的，在重大节庆期间佩戴。

### 鞋靴

德昂族男女多为赤足或穿草编鞋。现德昂族人穿布鞋或皮鞋。

### ◆ 服饰色彩

德昂族服饰色彩搭配极富民族特性，多用鲜艳亮丽的饱和色，热烈、奔放，显示出鲜明的色彩对比效果。德昂族妇女的上衣胸前都缝制了两块红色布片，以此作为牛血染红衣服的标志，是典型的以血祭祀，再将血抽象为"红"，演变在服饰中。除红色外，德昂族好青、黑色。黑、红、青、白、黄构成了德昂族服饰的主要色彩。德昂族服饰大多为蓝、黑二色交替使用，一般多用湖蓝色做上衣或装饰布条，再用大量的红、青蓝、白、黄等色作装饰配色，其中红色使用率最高，白色多作为底布装饰于胸前、围腰、挎包等。黄色是德昂族服饰色彩中的点睛之笔，使用面积不大，但常出现在每个装饰部分中。

◆ 服饰纹样

德昂族服饰纹饰比较简单，在女装中更能体现。不同支系的德昂妇女筒裙纹饰有明显差异，花德昂妇女的衣裙织有均匀的蓝红色横条纹，表现出一种等间隔的反复，给人一种韵律美。红德昂妇女衣裙的下摆自由分割成一段火红色横条纹，或在红织纹的上面镶有白色和金色织线，这种自由的构成打破了黑色筒裙的沉闷感，给人一种动感美。黑德昂妇女的长裙则以黑蓝色为底色，间隔织着红、绿、白色等的细条纹，分割严谨，给人一种井然有序的感觉。德昂族女子上装的下摆绣有荠菜花、宝塔花及几何图案。

# 保安族服饰

保安族主要分布于甘肃、青海两省交界的积石山麓，黄河横穿其间。保安族服饰早期受蒙古族服饰影响，后因迁徙至甘肃临夏，又在多民族的融合下得到不断发展创造。

◆ 服饰种类

### 男装

保安族男子传统服饰受地理环境的影响较为明显，并且体现了由游牧经济向农耕民族经济过渡的特点。男子头戴布制黑、白色圆顶小帽，上身穿白布衫，外套青布坎肩，下身穿黑、蓝、灰色长裤。冬季外套褐色翻领皮袄。喜庆节日喜欢戴礼帽，穿翻领、大襟、镶边的黑色条绒长袍，长袍形似藏袍；腰束彩色长带，不同年龄选择不同颜色，青年人束红色或绿色腰带，中年人束灰色或紫色腰带，老年人束黑色腰带，腰带上再挂著名的保安腰刀；足蹬牛皮高筒马靴。有的还喜用绣花肚兜。

### 女装

保安族女子传统服饰中的要求格外多，这与保安族宗教信仰密切相关。女子上身穿花绸缎斜襟衬衫，外套长袍或"夹夹"（马甲），长袍至膝下，斜大襟，和尚领子，为青、蓝色等。夹夹为无袖，分长短两种，长夹夹至膝下，斜大襟，收身直筒型，襟摆处绣花边或蓝布边；短夹夹至腹部，圆领、也为大斜襟，黑布上绣花，有花布边子。下身穿大裆裤，花布裤腰，老年妇女多穿黑色夹棉大裆裤。衣袖和裤边都装饰有不同花色的"加边"，喜紫红、绿等艳丽的色彩。

在保安族女性中，少女常戴饰有褶皱边，布制、圆顶、圆形的"绌绌帽"，多为淡蓝或粉红色，帽左侧缀饰牡丹花图案和两条红丝穗。同时也围戴红或粉红色的布或绸制的"咪哪"（长条带子）。未婚姑娘只梳两条辫子，不戴盖头或极少数戴绿盖头。妇女则多用黑布包头，上戴黑或绿色绸纱盖头。保安族女子喜戴"咪哪"盖头，通常少女戴绿色，已婚戴黑色，老年人戴白色。

### 鞋靴

保安族妇女春夏穿用绣花鞋，其造型极有特点，浅口、尖头、鞋头略翘。鞋头上饰有桃红色线穗，后跟处有红布做的"提跟子"，既美观，又便于穿脱。鞋底为用麻线纳制的千层白布底，鞋帮以深色布为底，上用五彩丝线绣成菱形格纹和条纹，色彩极为艳丽。妇女穿用的棉靴，以黑布为料，红色绣口，三层锁面，高靿；靴面饰有彩色拼格，鞋尖端有彩线编成的穗。其特点是靴靿较长、鞋底较厚，既可防寒保暖，又适于农家生活。靴底为手工缝制的千层底，十分结实，靴帮上用彩线绣有各式抽象的花纹，色彩十分艳丽。

#### ◆ 服饰色彩

保安族传统服饰以白、黑、绿为主，他们认为白色最洁净，象征圣洁、纯正，服饰中有白帽、白衣、白盖头；黑色则为稳重纯洁之意，象征严肃、神秘，已婚妇女头戴黑盖头；绿色含有尊贵的寓意，年轻女性戴绿盖头，穿绿色裤子。同时也用黑白两色，兼用多种明快的颜色，多喜用饱和度较高的颜色相搭配。

#### ◆ 服饰纹样

保安族服饰中常见的图案有植物、动物、昆虫等。在服饰纹样中，多以植物纹样为主，不绣人物图案。有些图案独自成景，草、花或虫较为简单；有巧妙组合的复合几何图案；有寓意吉祥，根据图案的象征意义，借物抒情的，如"富贵牡丹""蝴蝶戏牡丹""花好月圆"等。其中，植物纹较多使用菊花，它是保安族服饰不可或缺的图案。保安族认为菊花是耐寒耐旱的植物，如同本民族在艰苦的环境中依靠自己的勤劳建设美好的家园，抵抗恶劣的环境，创造出坚毅的民族特性。在女式服装上使用各式菊花的图案，表达了对爱情、生活的热情，展示了妇女的智慧与创造力。

# 裕固族服饰

裕固族主要聚居在甘肃肃南裕固族自治县境内。服饰以御寒和骑乘方便为主，以牲畜皮毛为原材料，再用手工缝制。

◆ **服饰种类**

**男装**

裕固族男子服饰比较简单，一般穿用布、绸、缎或白褐子制成的大襟或斜襟长袍，长及脚面，系红色或蓝色腰带，下着单裤。冬季，多穿用绸、缎、布料做的长袍，还有的则穿白板皮袄或褐面软毡里的毡衫。腰带上挂腰刀、火镰、火石、小酒壶等物件，并将短旱烟袋插于胸前。头戴礼帽或毡帽，帽檐镶黑边，帽顶饰有图案。

**女装**

裕固族女装多姿多彩，不同年龄下，服饰的形制各有不同。未婚女子多身着高领偏襟袍子，束腰带。胸前戴"舜尕尔"，背后戴"曲外代尕"，是用红布做成的两块长方形硬布牌，上面装饰有鱼骨、各色珊瑚，玛瑙珠串成的珠链把两块布牌连起，戴在脖子上，挂在胸前和背后。前额佩戴"格尧则依捏"（红色的长布带），上面装饰着各色珊瑚珠，下边缘是用红、黄、白、绿、蓝五色的珊瑚和玉石小珠串成的穗子，像珠帘一样齐眉垂在前额。

已婚女子上身穿高领偏襟长袍，色彩多为蓝色和白色，两侧叉开，开叉处绣云纹图案。按季节分为夹、棉和皮材质，视经济条件由绸、缎、布、褐、皮料缝制。衣领高到耳根，衣领外面边缘用各种颜色绣成几何彩色图案，袍子一般以绿色、蓝色为主，但也有深红、紫红等颜色。已婚妇女都要带"凯门拜什"（头面）。

裕固族老年妇女的装束与成年妇女基本相同，只是长袍的颜色较为素净，镶饰没有年轻妇女那样繁复、精致，领口、襟边、下摆、衩边多用暗色或素色的丝线镶绣，简单、质朴。

在裕固族的传统里，姑娘在 3 岁剃头时，只蓄留后脑勺一片头发，待长成长发时编成一条辫子，两鬓的头发增长一岁编一个小辫，直到出嫁。至 15 岁时，要戴"萨达尔格"（红布做成的一块方形布牌，其上装饰有贝壳和各色珊瑚），意味着姑娘长大成人，可以婚配。

### 鞋靴

旧时裕固族妇女很少穿鞋，夏天放牧、挤奶时常打赤脚，冬天穿一种前面尖而翘的名为"亢沉"的皮靴。逢年过节和有重大喜庆活动时，则穿一种尖鼻子软腰绣花鞋，这是一种布靴，鞋帮上绣着花草、小鹿、小羊等图案。裕固族男子也穿手工制作的双鼻梁圆头高腰布靴，靴帮多用青布，上纳白线转云字图案，冬季穿用牛皮制成的高腰尖鼻的皮"亢沉"，穿毛袜。

### ◆ 服饰色彩

裕固族使用传统的染色材料，以草本植物蓝靛为主要染料。喜爱对比强烈的暖色调，如红、橙、黄等色。

### ◆ 服饰纹样

裕固族女子服饰中大多以大团花图案来装饰，主要特征是选择一种花的纹样来做中心，发散形成一个四方连续的纹样，疏密相间，并附有一定的民族特色。裕固族服饰纹样的选取都与自然景物有关，如蓝天、白云、太阳、山川、花草，或是自然生物，如鸟、鹿、昆虫等。此外，还有龙凤、祥云和神话传说等纹样。

# 京族服饰

京族主要分布在广西壮族自治区防城港市属的巫头、山心、澫尾三个海岛上。京族传统服饰与其生活环境及渔猎经济的特征密切相关。因为气候湿热，又多从事渔业，所以不需要太多太厚的衣服。京族服饰趋于简朴实用，男女服装皆不加花饰，喜穿宽大长裤方便活动，无论男女，劳作时都喜将裤脚挽至腿根。

◆ **男子服饰**

京族男性穿无领、无扣的袒胸上衣。腰间束一两条彩色腰带，有的束至五六条之多，并以腰带的多少来显示自己的富裕和能力。男衫的颜色用浅青、淡蓝或浅棕三种。裤子惯穿黑色，既宽又长，裤裆尤长，几乎是裤长的2/3。

在离村外出、赶圩入市或探亲访友时，男人除加穿一件长到膝盖解袖袒胸长衫外，还要戴一顶黑色或棕色的圆顶礼帽，俗称"头箍"。

◆ **妇女服饰**

京族妇女上穿紧身、窄袖、无领、对襟或大襟上衣，多为白色，内系一块菱形遮胸布也叫"胸掩"；下穿宽而长的裤子，以黑、白、红、褐色为多；在阳光下劳动时头戴尖顶葵帽。节庆外出时穿白色丝绸或香云纱的窄袖长衣，式如旗袍，立领、紧身、开高衩，胸和下摆处均有花纹；下穿丝绸长裤；头戴饰有花纹的笠帽。青年女性通常穿白、青或草绿色的上衣，裤多为黑色或褐色。中年男女多用青色或浅绿色衣配以黑裤。老年妇女多穿棕色衣或黑衣黑裤。其裤的宽度与男性无异。上衣很短，衫脚仅至腰间而不及臀部。衣袖之窄同男性无异，其宽度仅能穿臂。

京族少数妇女还保留着梳"砧板髻"的风俗。少女14岁开始梳砧板髻，标志着进入成年。"砧板髻"是将头发从正中平分，两髻留少许头发，称为"落水"，余结辫于脑后，用黑布或黑丝带缠于辫上，再将辫子从左至右盘绕一圈于头顶即成，其形如圆形的砧板。

京族妇女平日爱戴斗笠，尖顶、锥形，以葵树叶制作，质地轻，内斗很深，几乎能盖住整个脸部。海边太阳暴烈，斗笠能起到防护面部的作用。

京族妇女还有戴耳圈（又称耳环）的习惯。少女长到六七岁时就要穿耳。穿耳的时辰有讲究，要在端午节的上午进行。

◆ **鞋袜**

由于习惯水上生活的缘故，京族人过去平时都不穿鞋袜，即使在寒冷天气也打赤脚，只在晚上用凉水洗脚或雨天不出工时才穿木屐。老年人也只是光着脚踏一双用棕树皮编制而成的俗称"棕屐"的拖鞋。木屐除作生活用品外，还有一种特殊用途，京族男子向意中人求亲时要带一只自己的木屐去女方家，女方父母则从女儿床下随意摸取一只木屐，用布包好，带到祖公堂，经过一番仪式后，双方各自取出木屐，如能左右成双，即可成亲。为使亲事成功，姑娘们会事先做好准备，通知情人带哪一只木屐。木屐在京族成为缔结良缘的象征物。

# 塔塔尔族服饰

塔塔尔族主要分布于天山北麓和阿尔泰山南麓地区，与多民族聚居。

## ◆ 服饰种类

### 男装

塔塔尔族男子上身着白色绣花圆领、宽袖、对襟套头衬衣，领口、袖口、胸前挑绣有几何纹的图案，外套黑色齐腰的坎肩或无扣的对襟黑长衣，腰扎皮带，下穿宽裆窄腿黑色、青色长裤，并将裤腿扎进高筒皮靴内，头戴黑白两色的绣花小帽。冬季外套长及膝的皮大衣或棉大衣，头戴黑色卷檐的羔皮帽。

男子帽饰款式多样，有传统的托拉帽、达纳达尔帽、平绒帽等，也有冬季戴的皮质帽子，如水獭皮毛、羔皮帽等。同时，还流行穿戴现代样式的礼帽、鸭舌帽等。

### 女装

塔塔尔族女子喜穿宽大、连衫带褶边的长裙，颜色多为白色、紫色、粉红色等，连衣裙的上衣为窄袖，裙长过膝，裙摆宽松，并镶有层层荷叶边，式样新颖别致，腰间系一条绣花小围裙。外套绣花紧身小坎肩或西服上装，头戴镶有珠花的小帽，有的外加一条披巾，多为白色。即使不戴小帽，也会戴上披巾，不同年龄段披巾戴法不同。年轻女子的披巾小巧，从前至后将头发拢住，有的将额前头发扎束成高耸之式；中老年妇女披巾宽大，披在头上，后面的一角可垂于臀部或大腿处，色彩多为白色。脚穿长筒袜，夏季多穿皮鞋，冬季多穿长靿毡筒压边皮靴。

塔塔尔族妇女喜戴耳环、手镯、戒指、项链等，衣领上用胸针装饰，还将银质钱币钉在服装上。头发梳成两条辫子，再系上银币或特制的金属牌，形成了别具一格的服饰装饰。

女式帽饰形式各样。夏季有四周绣花、帽顶有穗子的小饰帽，两侧流苏垂直肩部的丝线流苏帽，饰有珍珠花卉纹饰的绣织帽等。冬季佩戴护耳高帽、海狸皮帽、羊毛套帽等。

### 鞋靴

塔塔尔族男女鞋名称虽相似，但款式上略有不同。男士夏季鞋靴款式有压花皮便鞋、硬皮革制成的硬皮底靴等，冬季鞋靴款式有用纯羊毛压制的毡子制成的毡筒、毡靴等。女士鞋靴装饰有各式纹样，款式有鞋面绣花纹的花平绒夏布鞋、丝绒便鞋，有花纹装饰的高筒高跟女靴等。

### ◆ 服饰色彩

塔塔尔族服饰讲究色彩搭配，用色和谐美观。如喜欢穿黑色与白色、白色与天蓝色、棕色与橘黄色、墨绿与金黄色等构成色彩对比强烈的服饰，绣花小帽用黑白两色，也佩戴色彩绚丽的红色小帽。

### ◆ 服饰纹样

塔塔尔族喜欢十字形、菱形等几何纹样或花卉纹样，绣饰在衬衣的领口、袖口、胸襟上。

受传统民俗观念和宗教信仰的影响，塔塔尔族服饰纹样中既有古朴的写实图案，也有许多抽象的以点、线组成的植物纹样、文字及几何纹样等写意图案。在图案的组合上，采用方格纹、树纹和菱格纹等几何纹样。写实写意图案题材也离不开本土文化，最常用到的是"拉蓝花"、云纹、麦穗、牵牛花、茉莉花、卷草纹、四叶草等。

# 独龙族服饰

独龙族主要聚居在云南西北部地区的贡山独龙族怒族自治县、怒江傈僳族自治州境内的独龙河两岸地带。

独龙族男子头包帕，披独龙毯于背上，披时将毯的两角在胸前打结，并且随身佩戴砍刀，只有在躺下时才解下。旧时男子均喜戴耳饰、项链。独龙族传统服饰男女都身披麻布，只是男女的披法略有不同。男子的披法有两种，一是用长方形的麻布一幅，从双腋向后围裹然后交叉，左肩上拉一角，右肩上拉一角，拉拢到胸前打结，再用针线与围裹前胸的布缝接；二是将麻布斜披背后，左肩一角与右腋下一角拉拢到胸前再打结，再以绳系于腰间。

独龙族妇女喜编双辫，头顶披方巾。已婚青年和中年妇女偏爱梳短发，两侧长至耳部者多。独龙河下游地区的老年妇女有的剃光头，包以布巾。上游地区的中老年妇女则在头顶中间留下约一掌多宽的头发，前披至额眉，其余均剪去。披裹独龙毯是独龙妇女的传统服饰，中老年妇女大多保持了这种服饰。披裹的方法是将独龙毯从左腋下绕至前胸后背，至右肩上固定。有的独龙族妇女虽然穿上现代服装，但仍将独龙毯披裹在外面，认为这样既可保暖，又是一种装饰。

独龙江上游地区的妇女喜穿长裤，下游地区喜着长裙。下游地区妇女上穿衬衣，常在外披裹一方独龙毯，戴多串项珠为饰，也有佩挂草蒲根（草药）一类的项链。她们过去以竹、木为耳饰，现已换成金属或料珠一类，饰品均来自邻近的怒族、傈僳族、白族或汉族地区。现今长串料珠尤受独龙族妇女青睐。部分老年男女会戴宽边银手镯。小孩子有挂麂皮、麂尾于胸前的习俗，认为这样可避鬼邪和毒蛇。

独龙毯是独龙族原始披裹式服装的传承。经过长期的历史进程，独龙族形成了本民族特有的手工艺品——麻毯。不管服装如何发展，独龙族均要在服装上加披一独龙毯，成为一种独特的民族习俗。独龙毯采用自种的麻织成。首先从麻秆撕皮剥茎，然后捻麻成线，并且要漂染处理，染成红、黑、青、黄、紫等色，织出经向条纹，其条纹粗细相间，色彩配搭鲜艳强烈或素雅古朴。每幅麻布宽约20厘米，用数幅可连缀成毯，这种麻毯对于山地河谷地带居住的独龙族人有很大的实用价值，它抗湿、防寒又耐磨，平时作披衣，解下又可作卧单，缝合可当口袋，也可用作兜孩子的襁褓。新毯往往是喜庆节日男女必备的装束，又是宗教活动中不可缺少的祭物和法器。

# 鄂伦春族服饰

鄂伦春族主要居住在内蒙古自治区东北部的鄂伦春自治旗、扎兰屯市和黑龙江省黑河市、呼玛县等地区。由于长期生活在大小兴安岭的重山密林中，鄂伦春族人的习俗及服饰均具有山林狩猎文化的色彩。

◆ 服饰种类

**男装**

鄂伦春族男子多穿男士皮袍、皮坎肩、短皮袄、皮裤、套裤、皮背心等。皮袍带大襟，衣镶着边，装饰朴素，衣襟、袖口镶有薄皮贴边，皮衣领子是活的，立式毛领，既舒适又暖和。皮袍有两种款式，一种是打猎穿的短至大腿上部的皮袍，另一种是生活中穿的长至膝盖上下的皮袍。皮袍还有冬夏之分，冬季皮衣用冬天打的狍子皮制作，保暖性强。夏季皮衣用夏季打的猎物皮毛制成，为了骑马和行动方便，前后襟均有开衩，腰间扎黑色带子。袖口及脖领周围都绣有花纹及不同的图案，较为华丽。与袍子相配的是皮裤或者皮套裤，以及脚上的皮靴。

鄂伦春族人居住地严寒，加之以狩猎为生，男子无论老幼都喜爱戴一种自制的狍皮帽"密塔哈"。该帽用完整的狍子头颅，剔去骨肉，鞣制后做成帽子，保留了完整的毛皮及眼、耳、鼻，戴在头上既保暖又耐磨，打猎时还可诱捕野兽。夏天，男子戴用布做的尖顶帽，后檐一直垂到肩和背部，遮住整个头部和后颈，既能遮挡日晒，又能预防虫咬。

鄂伦春族男子在腰间束带，腰带上佩戴食用刀、烟荷包等物件。

**女装**

鄂伦春族女子多穿女式皮长袍、女式短衣、皮坎肩或者皮背心、女式皮裤。冬季女子穿大襟右衽的长皮袍，立领，前后或两侧有开衩。皮袍上运用镶补刺绣工艺，镶有菱形、长方形、卷云纹等各种边饰，这使服饰既美观又牢固。下穿皮长裤，裤腿亦镶饰云纹。夏季女子穿去毛的长皮袍，上面绣的花纹更为精美。袍外亦可套一件皮坎肩，用黑色薄皮镶边，皮条或绳子盘成花纽扣，粗犷中有精致的美。

鄂伦春族女子秋冬喜爱戴狍猁皮帽和吊有皮毛和绣有花纹的毡帽，帽檐大，多以灰布、黑呢及白毡为顶，顶呈圆形，檐四边缀有各种兽皮毛，冬季时将帽檐拉下，遮住双耳御寒，秋季则可遮光。已婚的帽上绣花纹。

夏天，女人不戴帽，只戴一种称为"齐哈屯"的头饰。居住在内蒙古的鄂伦春女子喜欢将辫子盘在头上，扎以花布和三角头巾。已婚妇女喜用布缠头1～2圈。黑龙江鄂伦春族女子的"齐哈屯"很讲究，常将各种色珠和一些玻璃串珠、贝壳、纽扣钉在布上，还绣各种花纹图案，围箍在头上。老年妇女则只用一条毛巾或一块布把头发扎起来即可。

首饰亦是鄂伦春族女子所喜爱的，她们常戴耳环、手镯和戒指。女性随身在腰带上戴精美的烟荷包或绣有花纹的针线包，色彩艳丽。

**鞋靴**

鄂伦春族所穿的鞋子有"其哈密""奥路其""温得"等多种。"其哈密"是狍腿皮靴子，多用鹿皮做鞋底，男女均可穿，轻巧保暖，便于在冰天雪地里穿行，是狩猎生活的理想鞋具。"奥路其"是单鞋，夏天穿，靴底用熊皮或野猪皮。"温得"是长腰靴子，是冬季穿的皮靴，用鹿的下腿皮制作，下雪天穿这种鞋可防止雪进入鞋中。

### ◆ 服饰色彩

鄂伦春族人长期从事狩猎，野兽是他们的衣食之源，因此鄂伦春族服饰主要以毛皮为材料，尤以狍皮服饰居多，服饰色彩根据四季冷暖时序的交替而产生动物的毛色变化和兽毛的长短疏密厚薄之变化。以狍子为例，冬季毛色为灰褐色，绒毛厚且长，保暖性好，适合制作冬季服饰；春秋季毛色为栗红色，比冬季毛短，比夏季的长，适合制作春秋季服装；夏季毛色变成红色，称为"红杠子"，毛短皮薄，凉爽，适合制作夏季服装。男式皮袍腰间也多扎黑色带子，皮坎肩的袖边和领边也多镶黑边或绣上图案和花纹。

◆ 服饰纹样

鄂伦春族服饰纹样多以绣花、云纹等吉祥纹样构成。女子穿的长袍两衩处绣有红色尖顶云纹，并钉有银泡，立领和盘肩上绣有花，做工精细。下穿的长皮裤，裤腿镶饰云纹。外出时背的皮制包，上面用彩线绣有五彩的吉祥纹样。

# 赫哲族服饰

赫哲族主要分布在黑龙江同江、抚远、饶河等县及黑龙江、乌苏里江流域，其他地区也有少数居住。黑龙江省的三江流域，山林密布、江河纵横，野生动植物资源丰富，在这样的地理环境下，赫哲族形成了以兽皮、鱼皮制作服装的传统。赫哲族的鱼皮服饰文化世所罕见，熟制鱼皮、制作鱼皮线的技术已经发展得非常成熟，制作出来的鱼皮服饰具有防水、抗湿、轻便、耐磨等诸多特性。

◆ 服饰种类

**男装**

赫哲族男子多穿长袍，用狍皮缝制，称为"大哈"，长达膝以下，冬季的大哈用带有长毛的皮缝制，夏秋季则用皮革或短毛皮张制作。大哈衣襟宽大，袖口适中，长袍前后开衩，衣服上镶黑边或云头纹样，扣子比较特别，一般使用两排皮扣或鲇鱼骨扣，显得古朴美观。男子服装也包括大襟皮质短衣、长裤等其他形式，腰系长带，寒冬外出时长裤外套上狍皮套裤，男女均可穿，裤管肥大，防寒性能好。同时戴狍皮帽和手套，脚穿狍皮、鹿皮靴或鱼皮靴。

赫哲族男子多戴帽，夏天戴桦皮帽，帽檐处镶桦皮花边，有波浪纹或鹿、鱼等纹样。桦皮帽轻盈、美观，犹如精心制作的工艺品，用于遮风挡雨。"夏日通"帽子主要由帽头、帽耳、帽罩组成。帽头如瓜皮，帽耳绣花，冬天帽内缝皮子保暖。"考日木楚"狍皮帽是冬季狩猎时作伪装时所戴，现被貂皮大耳帽取代。老年人喜爱戴绣有花纹的鱼皮帽，再穿上大襟缘绣与帽子、披风花纹一致的长袍。

### 女装

赫哲族女子穿鱼皮或鹿皮制作的长袍、长裤。长袍是类似于旗袍的长衣，采用大襟，托领袖口、襟口、前胸及后背都有云纹、水纹和野兽图案，通常是用鹿皮染成红、黑、蓝等颜色，剪成鹿形或花纹缝上的，有的还在下摆边缘缀上一排海贝、铜线等作为装饰。女子外出劳动时也穿和男子一样的鱼皮套裤，女子穿的套裤称"噶荣"，上口月牙形，裤腿齐口，套裤从上口月牙前部到裤腰，后面到大腿根，裤的上下边缘绣有花纹和镶黑边。女子穿套裤，即里面穿夹裤，外面穿上棉套裤，再穿上棉长袍。清朝末期，赫哲族妇女的衣服多受满族影响，上衣样式如同旗袍，襟长过膝，腰身稍窄，下身肥大，袖肥而短。老年人穿的长袍仍是衣身肥大，袖子肥长。

赫哲族少女梳一条长辫，已婚妇女则梳两条辫子。夏季用纱巾扎头，冬季则戴皮帽，尤其喜爱戴鱼皮帽，帽身为瓜皮状，帽顶有装饰，下部垂有披风，可防风寒。帽呈圆形，顶上有一根羽翎，帽檐由蓝、白、红、黑色组成，上有波浪纹、云彩纹。帽耳处镶红、白、蓝、黑等，绣有对称的波浪形图案，帽耳内缝紫貂皮。

### 鞋靴

由于赫哲族人长期外出捕鱼狩猎，因此喜爱穿靰鞡，赫哲语称"温塔"，它是用兽皮或鱼皮做成，工艺精细。穿上狍皮袜之后再穿鱼皮靰鞡，轻便、暖和、防潮。鞋子牢实，便于在泥泞中行走。赫哲族女子在家时穿厚底的绣花鞋，外出劳作时也穿靰鞡。

### ◆ 服饰色彩

赫哲族有独特的鱼皮服饰文化，它是捕鱼民族生活过程的创造。鱼皮有一种自然的美，具有天然的鱼鳞花纹，凹凸不平，形成自然黑、白、灰过渡色差。

### ◆ 服饰纹样

赫哲族先民认为天地冰川、日月星辰、水火雷电、岩石草木、禽兽鱼虫以及每一活动都由专门的神灵主司，对飞禽走兽、花鸟鱼虫的生活特征与形状，对宇宙中日月星辰、风雨雷电等现象充满了幻想与猜测。出于免灾避祸、祈福求安的愿望，创造产生了祈福求安的吉祥纹样。吉祥纹样可以大致分为具有图腾崇拜痕迹的吉祥纹样、具有祈吉纳祥和天人合一理念的吉祥纹样两种。随着社会的发展，赫哲族吉祥纹样已走出图腾崇拜的阶段，逐步生活化。

# 门巴族服饰

门巴族主要分布在西藏自治区东南部。服饰风格既有受藏族影响的痕迹，又有自己的独特面貌，由于其居住地区气候温暖，故服饰更为简约，色彩也更为鲜艳。

## ◆ 服饰种类

### 男装

门巴族服饰由于受地理环境的影响，有着地区差异。门隅地区门巴族传统男子服饰上身为内穿右衽斜襟白色布衣，有袖无扣，长至膝盖。其外罩赭色布袍或氆氇袍，衣摆开衩，腰间系腰带，腰带上挂短刀、长刀、烟袋等物。

男子除了戴礼帽外，传统帽子还有"八鲁加""巴尔裕"等。"八鲁加"意为黑顶帽，帽子呈筒形，帽顶为黑色氆氇呢，帽筒身为红色氆氇呢，翻檐为黄褐色绒，设"V"形缺口，用蓝布绣绲边，戴时缺口前额偏左，当地男子一年四季都戴这种帽子，颇具高原特色。"巴尔裕"意为男帽，帽为圆形，用黑色氆氇呢制成，同样留一缺口，缝戴时缺口对着右眼上方。

墨脱一带的门巴族男子服饰由于气候的差异略有不同，普遍穿自织的白色麻布袍。男子不戴帽子，留长发，佩戴耳环，将头发编成辫子，常戴自编的斗笠防日晒雨淋，一般不穿鞋。

### 女装

门巴族女子上身内穿开襟、无领、无扣子，只开一个圆口或三角口由头套穿里衣，外加长袍及上身穿黑色氆氇做的"热故"，下身腰部围一块白色围裙。

门隅南部地区的门巴族妇女，不分老少，袍服外都披一张完整的小牛犊皮或岩羊皮，以此来做装饰。

门巴族女子的头饰颇具民族特色，她们戴的帽子称为"色鲁加"，意为黄颜色的帽子，呈筒形，平顶，翻帽檐并留有"V"形缺口，帽檐缀以至眉际的色线旒顶，以示同"八鲁加"区别。现在许多妇女也喜欢戴"巴尔袷"，不同的是她们喜欢在帽子的翻檐上插一支孔雀羽毛。妇女们还喜欢梳两条衬以黄、红、紫、浅绿绸线的辫子，盘在头顶或帽子上。

门巴族女子喜欢戴耳环、手镯、戒指，用松耳石和玛瑙珠做耳环，还喜用若干根细细的皮条，串缀许多珠料、玛瑙、珊瑚、翡翠，制成一串中间大、两边小的项链。

**鞋靴**

门巴族喜欢用牛皮或毛毡制作皮靴和布靴，底子用一块牛皮包制，靴筒用黑红色的氆氇镶配缝制而成，用松软的干草和棉毛料做鞋垫，鞋面上主要配有红、绿、蓝、黑等颜色，穿起来既轻便又美观。

◆ **服饰色彩**

门隅地区门巴族妇女衣着比较艳丽，多为白、红等颜色，外罩的氆氇袍为红色和黑色，袍领边缘饰孔雀蓝边，腰系白色围裙，佩戴的绿松石和红珊瑚项链是服饰重要的色彩点缀。墨脱地区的门巴族妇女喜欢穿白色、黄色或红色的上衣，裙子为白色，上面装饰有花布条，裙摆装饰彩色飘穗，喜欢系红色腰带。

◆ 服饰纹样

门巴族信仰原始宗教，他们认为神灵无处不在，万物皆有神，对神灵无限的敬畏，因此，门巴族服装上的图案较少。现在随着生活水平的提高和西藏各民族交往的频繁，有些门巴族男子系银腰带，上面还刻有鸟、兽的图案花纹，既有实用性，又具有一定的装饰性。有些门巴族妇女围裙右下角用黑线绣有树枝状纹样，犹如符号标志，非常奇特。

# 珞巴族服饰

珞巴族主要分布在西藏自治区东南部的珞渝地区及相邻的察隅、墨脱、米林、隆子等县。

◆ 服饰种类

## 珞渝腹地和西部、东南部的服饰

### 男子服饰

珞巴族男女皆留长发，额前发齐眉，其余披在肩后。崩龙部落的男子将长发束于额前挽 3 个髻，再横穿两根长尺余的竹签。阿巴塔尼部落的男子在额前挽一个髻，横穿一根竹签或银签。男子戴竹或藤编的帽子，穿无襟、无领的短袖上衣。珞渝腹地的阿巴塔尼、崩尼等部落，无论男女身上仅围裹一块窄幅条状布，长至膝盖，袒露一臂，接口处用竹签拴牢。节庆或走亲戚时外加一件用土布制成的披风。男子及年纪大的妇女劳动时光着上身。平时多赤脚。只有在采集、狩猎为生的苏龙等部落，男子才会穿上一双类似藏靴的鞋子。

妇女服饰

妇女蓄长发，额前发剪短、与眉齐，其余散披于后，也有将长发编成辫子垂于身后的。崩龙部落的妇女戴的头饰为在银质细管上用 6 厘米长、3 厘米宽的金属牌焊接成发箍戴于头顶，上身用窄幅土布裹缠，露出左臂，下着筒裙。该地区妇女大多也穿短对襟上衣，有袖或无袖，圆领。盛装时妇女在衣外披羊毛织成的披风。戴十几串到几十串蓝、白料珠串成的项饰，加上手镯、耳环以及腰上系的白色贝壳、银币、铜铃、火镰、铁链、刀子等。

## 珞渝北部服饰

该地区海拔较高，冬季有霜雪，服饰文化受藏族的影响较大。

男子服饰

男子最典型的头饰是熊皮圆盔帽，它是珞巴族男子勇武的象征，只有亲手猎获大熊的珞巴族男子才能有资格戴这种熊皮盔帽。帽用生皮压制而成，帽檐上方套一毛长 7 厘米左右的熊皮圈，帽后缀有 27 厘米见方的熊头皮，上有熊的眼窝。这种熊皮帽具有实用和装饰的双重价值，除能防寒外，行猎时长发免于被树枝缠挂同时，有一定的迷惑性。熊皮帽质地坚韧，也可起到防御作用。

他们身穿野牛皮、山羊皮或氆氇制成的长袍，袍长至膝。外套黑色山羊毛编织成的黑色大坎肩，称为"纳木"，两侧不缝合，是由前后两幅同样宽的长方形面料合成的套头坎肩，系上腰带就可以固定后背还要加披一块小牛皮或山羊皮。所系的皮带特别讲究，上面用海贝装饰，并挂上长刀、火镰、弓弩和毒箭筒。有的身佩两把长刀，刀鞘、刀把经过仔细的装饰，并用铜链和背带斜挎于身前，显得特别威武，下穿长裤及靴子。现在年轻的珞巴族男子戴用锦缎作面的兽皮帽，帽后颈部披一块兽皮。所穿袍服用锦缎作面，与老一辈的珞巴男子大不相同。

妇女服饰

妇女穿野生植物纤维上衣，对襟或大襟，下着长过膝盖的筒裙，再围上围腰。天冷时小腿用腿布包裹，再系带固定。年轻的妇女还喜披上一件紫红或大红的披肩，起到美化和保暖的作用。一般留长发，不用头饰，前额发剪成刘海，年纪大的妇女也是这种发型。女性同样注意颈部和腰部的装饰，戴上几十串蓝色和白色的项珠串，手腕戴多个银、铜、铁、藤制的手镯，以及海贝手圈，耳上也佩戴长大的珠串耳环，有的还用竹管作耳环。腰部系腰带，并挂上钱币和多串海贝以及铜铃、银链，走起路来叮当作响，更增加妇女的风韵。

◆ 装饰

### 头饰

男子头饰

珞巴族的一些部落，如崩尼、崩如、苏龙等，都有竹或藤编成的帽子，博嘎尔部落的人还有熊皮帽，博嘎尔人称熊皮盔帽为"冬巴达贡"。

妇女头饰

妇女在劳作时戴竹编帽防雨，这种竹帽是用竹篾编织两层，中间夹着芭蕉叶子。另外还有背后披的"拉央"，是长方形的两层竹编，中间也加芭蕉叶。发饰一般是在发髻上插一根木签、竹签或银签，有的部落妇女头上还会戴五颜六色的小串珠作为装饰。

### 项饰

饰物多用海贝、兽骨、兽牙等磨制成珠状，也有用玛瑙、绿松石等制作。有的缠绕颈项数圈箍紧，有的垂于胸前或垂至脐上。佩戴的项饰少则三五串，多则三四十串不等，项上项链的多寡往往是贫富的标志。串珠以博杰（蓝珠，曾以蓝色松石为主，后以蓝色仿松石饰品替代）、贡朋（白珠）等色珠为主。佩戴时，缠绕颈 3 ～ 5 圈。

### 腰饰

饰带用兽皮（牛皮）制作，带面上缀以兽牙、海贝等。腰带皮底上有多个大小不一的铜扣（女子结婚前所佩戴的腰带），另有数量可观的藤条编织成的"乌午"（腰环）。腰间还佩戴有链条、彩珠、铜铃、铜勺状小链条、火镰、串珠、鼻烟壶、印章等饰物。男子腰间还会佩戴火镰、弯刀，女子在饰带上会佩有串珠、小铜铃等饰物。珞巴族人常将烟斗、烟袋也挂在腰间，贴身利器包括腰间斜挎"要夏"（刀、长刀），腰前挂"窝腰"（短刀）、"索布萨"（腰刀）、"约及"（小刀）、"意给布"（弓箭和箭筒）等，走起路来叮当作响，威风凛凛。

### 手镯

珞巴族各部落普遍喜戴手镯。手镯分为落根和笛路，落根为铜制品，上雕几何图案；笛路是在皮革上穿眼后将海贝镶入的腕饰，主要材料是藤、金属等，有的手镯上面还有纹饰，十分精美。

### 背饰

珞巴族人的背饰为"搭拉阿龙"，意为铜圆盘，象征日月。

# 基诺族服饰

基诺族主要分布在云南西双版纳傣族自治州景洪市基诺山基诺族乡。

◆ **服饰种类**

**男装**

基诺族男子服饰比女子服饰更丰富。男子服装分为上衣、裤子和包头,上衣称"柯突",裤子称"勒作",包头称"乌托"。基诺族男子一般的服饰装束为外穿无领对襟白色长袖短衣,无扣,前襟和胸部缀饰红、蓝色花条用以连接,内穿衬衣或麻布褂。头包黑色头巾,巾端以彩线锁边并串有丝穗,下身穿齐膝黑色长裤,裤子左右胯部各缀有一块长方形黑布。

传统头饰有年龄之分,未成年男子留短发,戴帽子,成人礼后换帽子为黑色包头,两端锁彩边,青年男子包头一般还插缀一朵装饰花。

基诺族男子服饰最具特色的地方是背部的日月花装饰,它是一块20厘米见方的黑底绣花图案,由红、白、黄、橘四色形成有韵律的变化,是基诺族男子成年的标志。

**女装**

基诺族妇女多内穿绣花胸兜,遮挡胸及腹部,外套无领对襟镶边小褂,镶绣色彩艳丽的花纹图案,无纽扣,短褂上半部分多用黑、白、深蓝色布料,下半部及袖子多用红、黄、蓝、黑、白等七色布条拼成,有的还配以银饰。上衣背部绣有圆形太阳花式图案。腰间系一块三角形或长方形的织花条纹麻布围腰。下身穿红布镶边的黑裙,裙下摆有彩色花边，两端相交打结于腹部。腿上绑有花纹的裹腿。上衣被称为"彩虹衣"，是一件漂亮别致、绣着各色条纹的对襟小褂。妇女喜欢戴耳饰，耳饰多为空心的软木塞或竹管和鲜花，也戴银质大耳环，耳环眼较大。女子的头饰独具特色，女子头戴尖顶式的麻布披肩帽，帽子上装饰有条状的花纹，有的帽子下摆很长，绣有彩色的挑花几何图案，下缘有用料珠、绒线、羽毛做的流苏。未婚女子的帽子二角自然下垂于肩后，已婚妇女帽的一角卷起于头上，用竹篾编成架子，使帽子高高隆起。

### 鞋靴

基诺族的男女多为赤足，或者用当地材料编织草鞋或制作皮鞋。现多与当地汉族穿着无异。

### ◆ 服饰色彩

基诺族服饰常用黑、白、红、黄、蓝、绿、紫等颜色，通过巧妙的穿插，颜色之间相互映衬，艳而不俗，十分协调。男子服饰以浅色为主，常常以白为底，上面绣以红线做装饰，又在红色中夹杂黑色条纹，给人一种明快秀丽、素雅和谐的感受。女子服饰以深色为主，以黑色、蓝色为主要底色，用彩线加以装饰，帽子则是白底红纹，类似于男子服饰，再加以鲜艳的红、黄点缀，古朴典雅中不失活泼。

### ◆ 服饰纹样

基诺族服饰纹样主要有条纹、人字纹、太阳花、月亮花、犬齿纹、十字纹、折线纹等。

**编著者：王 羿**